Collection
Cahiers Regards croisés



# Anglais CAP

Marie-Line Périllat-Mercerot

Nathan
TECHNIQUE

# SOMMAIRE

Capital city
Capital
Internal boundary
International boundary
0 200 500 m
100 km
100 miles
ATLANTIC OCEAN
NORTH SEA
Shetland Islands
Lerwick
Fair
Kirkwall
Orkney Islands
Thurso
Wick
Lewis
Stornoway
Hebrides
Harris
St. Kilda
Little Minch
Northern Highlands
Inverness
Skye
Glen More
Spey
Grampian Mountains
Dee
Aberdeen
1343 m Ben Nevis
Mull
Oban
Tay
Dundee
SCOTLAND
Jura
Islay
Edinburgh
Glasgow
Clyde
Tweed
Arran
Southern Uplands
North Channel
Firth of Clyde
Dumfries
HADRIAN'S WALL
Newcastle-upon-Tyne
Londonderry
NORTHERN IRELAND (ULSTER)
Belfast
Carlisle
Tyne
Sunderland
Middlesbrough
977 m Pic Scafell
Pennine Chain
Isle of Man
Ouse
Lancaster
York
Hull
Bradford
Blackpool
Leeds
Irish Sea
REPUBLIC OF IRELAND (EIRE)
Manchester
Sheffield
Anglesey
Warrington
ENGLAND
Galway
DUBLIN
Caernavon
1085 m Snowdon
Stoke-on-Trent
Nottingham
Trent
Limerick
Birmingham
Leicester
Norwich
Aberystwyth
Cambrian Mountains
Coventry
Severn
Great Ouse
Cambridge
1041 m Carrauntoohil
Cork
WALES
Worcester
Stratford-upon-Avon
Gloucester
St George's Channel
Oxford
LONDON
Swansea
Cardiff
Bristol
Thames
Bath
Canterbury
Dover
STONEHENGE
Salisbury
Folkestone
Channel Tunnel
Barnstaple
520 m Exmoor
Southampton
Portsmouth
Brighton
Calais
Exeter
Bournemouth
Boulogne-sur-Mer
Strait of Dover
Dartmoor 622 m
Tintagel
Isle of Wight
St. Ives
Plymouth
English Channel
Scilly
Channel Islands
Alderney
Cherbourg
Le Havre
Guernsey
Sark
Jersey
FRANCE

# UNIT 1

# That's Business

Bakery in London.

## SOMMAIRE

**TASK 1** : Réaliser une invitation

**TASK 2** : Animer un jeu en public

**TASK 3** : ***Be a salesman***

**Outils linguistiques :**
- Le verbe *BE* (être)
- Les questions
- Les adjectifs

**Outils lexicaux :**
- Les commerçants
- Les pays et les nationalités
- Les salutations
- Les horaires

**Réordonnez ces lettres. Chaque mot correspond à un élément de l'image.**
**a.** HPSO – **b.** ODOR – **c.** BLEAT – **d.** EACK – **e.** XBO – **f.** ARHIC – **g.** WERLOF

**a.** .................... – **b.** .................... –

**c.** .................... – **d.** .................... –

**e.** .................... – **f.** .................... –

**g.** ....................

# Start the day

## You're welcome!

**Placez les mots dans la bonne colonne.**

town – product – cupcake – vanilla – chocolate – shop – happy – London – employee – place – cookie-box – town – satisfied – director

|  |   |  |
|---|---|---|
| .................... | .................... | .................... |
| .................... | .................... | .................... |
| .................... | .................... | .................... |
| .................... | .................... | .................... |
| .................... | .................... | .................... |
| .................... | .................... | .................... |
| .................... | .................... | .................... |
| .................... | .................... | .................... |
| .................... | .................... | .................... |
| .................... | .................... | .................... |

# Grammar

### Le verbe *BE* (être)

| Forme affirmative | Forme négative | Forme interrogative |
|---|---|---|
| I am (I'm) | I am not | Am I...? |
| You are (you're) | You aren't | Are you...? |
| He / she / it is (he's...) | He / she / it isn't | Is he / she / it...? |
| We are (we're) | We aren't | Are we...? |
| You are (you're) | You aren't | Are you...? |
| They are (they're) | They aren't | Are they...? |

### Parler d'âge

How old are you? I'm 18.

- **Complétez ces phrases avec le verbe *BE* à la bonne forme.**

How old .................... John?

He .................... 25.

I .................... very happy!

John, .................... you new here?

.................... this lady a customer?

No, she ....................

# In focus

## What's new in town? CD1 Piste 1

## New Chocolate Shop opens in town

Hi! My name's Elizabeth Martin, I'm 25. I live in Cratford and today my four employees and me are happy to announce the opening of our shop **"The Chocolate Box"**.

Our chocolate is made with natural vanilla and 100 per cent pure cocoa butter.
You are all welcome at "The Chocolate Box"!

**Opening hours:** TUES – SAT 10.00am – 4.45pm

The first customers say:

"Elizabeth and his employees are soooo nice!"

"I am from France, I am a chocoholic and Wow! This chocolate is fantastic."

"My name is Mike, I'm from New York and this shop is my favorite place in town!"

**1. Complétez les phrases.**

**a.** The name of the shop is .................................................... .

**b.** The name of the director is .................................................... .

**c.** She is .............................. (age?).

**d.** Her chocolate is .................................................... .

**e.** Mike is ❑ an employee. ❑ a customer.

**f.** He is ❑ English. ❑ American.

**g.** His favourite place is .................................................... .

**2. Trouvez l'équivalent français.**

**a. Hi!:** ❑ Ici ! ❑ Aïe ! ❑ Bonjour !

**b. Opening hours:** ❑ ouvre-boîtes ❑ heures d'ouverture ❑ esprit ouvert

**c. TUES – SAT :** ❑ places assises ❑ du mardi au samedi ❑ du lundi au dimanche

**d. Welcome:** ❑ bienvenue ❑ malvenue ❑ arrivée

**e. Chocoholic:** ❑ alcoolique ❑ fan de chocolat ❑ chocolat

## Role PLAY

**You are a sales assistant in a newly opened sweet shop / ice-cream shop / coffee shop in your town.**

1. Make a presentation speech for the local radio.
2. Welcome your customers (your partners) in your shop.

# Action!!

CECRL : Savoir se présenter

## Réaliser une invitation

**Prepare a flyer to introduce yourself and present your shop.**

**Mention :**

- Your name and age.
- Your function. (Employer? Employee?)
- The name of the shop.
- The opening hours.
- Your products: name, quality, origin.
- What customers say.

### 7 words to know CD1 Piste 2

a director, an employee, a customer, a shop, opening hours, a place, welcome

## Task 2

# Start the day

## They are on the market today

Chris is ……………………

Tim is ……………………

Stan is ……………………

Dan is ……………………

**1. Retrouvez le nom du métier de chaque commerçant.**

a baker
a florist
a greengrocer
a butcher

**2. Associez chaque phrase à un commerçant. (Aidez-vous des mots transparents.)**

**a.** Bread and donuts are my specialties.

**b.** I'm a specialist in tropical flowers and plants.

**c.** My carrots, my oranges, all my fruit and vegetables are organic!

**d.** Look at this beef and this mutton!

**3. Écoutez les phrases de l'exercice 2 et prononcez-les.** CD 1 Piste 3

# Grammar

### Les questions

| (Wh) | AUX + Sujet | | (+ verbe) | … ? |
|---|---|---|---|---|
| | Are | you | | British? |
| | Are | you | visiting | the town? |
| Where | are | you | | from? |
| What | is | this? | | |

« Est-ce que » ne se traduit pas. Il suffit de commencer par l'auxiliaire.
Ex. : ***Are** you happy?* > Est-ce que tu es content ?

### Pronoms interrogatifs

*who* = qui, *what* = que, *where* = où, *where… from* = d'où, *when* = quand

**■ Remettez ces questions dans l'ordre.**

**a.** from / where / product / this / is / ?

……………………

**b.** a / specialist / is / in / who / plants / ?

……………………

**c.** is / your / old / employee / how / ?

……………………

**d.** hours / are / your / opening / what / ?

……………………

# In focus

## European tourists visit the town

CD1 Piste 4

**1. Listen to our reporter Alex, on the market this morning.**

**Alex:** Hello. I'm Alex, a .................................... for the .................................... magazine. I'm on the .................................... with a group of .................................... from .................................... . Good morning, Sir! Good morning Madam! .................................... are you from?

**Customers:** We're from Spain.

**Alex:** Oh! You are ....................................! Great! What's your opinion about our market?

**Customers:** People are .................................... . The .................................... and the .................................... are very nice and their .................................... are delicious.

**Alex:** Thank you, very much! Have a .................................... day! Bye! Ah here's another .................................... .
Hello! What's your ....................................?

**Tourist:** *Scusa?*

**Alex:** Er, no, er… Are you ....................................? ....................................? ....................................? ....................................?

**Tourist:** *Scusi.*

**Alex:** Oh! Sorry! Good Bye! … Why isn't .................................... a universal language?

Two tourists on the market.

**2. Relevez les mots qui montrent qu'Alex est polie.**

....................................................................................................

....................................................................................................

....................................................................................................

....................................................................................................

**3. De quelles nationalités sont les premiers touristes interviewés sur le marché?**

They're ....................................................................................................

....................................................................................................

....................................................................................................

## Pronunciation

CD1 Piste 5

**Les sons de la lettre « o »**

**Écoutez les mots suivants puis classez-les selon le son de la lettre « o ». Ensuite, répétez-les.**

no – open – town – florist – greengrocer – sorry – chocolate – hello – from – old – shop – all – product – organic – how – pork

[ɒ] de *dog* : ....................................................

[oʊ] de *go* : ....................................................

[ɔː] de *four* : ....................................................

[aʊ] de *now* : ....................................................

## Speak up!

**1. List the names of shops you know.**

**2. Which product in which shop?**

sausages – cakes – sandwiches – roses – potatoes– books – tomatoes – pork

Ex.: T-shirts are for sale at the clothes shop. Bouquets are for sale at the florist's.

# Action!!

Task 2

CECRL : Savoir poser des questions

## Animer un jeu en public

**Your are at a market in London. You host (= *anime) a game.***

London: Borough market.

**1. Ask candidates questions about themselves (name, age, town).**

..........

..........

..........

**2. Ask them questions about history, culture, literature, music, etc.**

Ex.: Who is the president in the USA?
Who is the singer in the band "xxx"?
Where is xxx from?
When are the next elections in France?
Who is Shakespeare? A painter, a composer, an actor, a writer?
What's a tomato? A fruit or a vegetable?

..........

..........

..........

..........

**3. If the candidates win, tell them what they win.**
**(Use words present in this unit).**

Ex.: Bravo! You win a kilogram of carrots at the greengrocer's!

..........

**7 words to know** CD 1 Piste 6

a baker, a butcher, a florist, a greengrocer, all, bread, a specialty

# Samy's word

**Hi! My name's Samy Stark. I am 18 and I've decided to work in different countries to visit the world. I am in England at the moment. I think this job offer is interesting because I'm good at welcoming people.**

# Jobtrotter in... England

**Objectif** Savoir remplir un questionnaire

## CAREER OPPORTUNITIES

**SALESMAN – BAKERY DEPARTMENT**
Posted 09/15

**PLACE**
Redner's Supermarket – UK Oxford

**JOB DESCRIPTION**
To help maintain and operate the Bakery Department.

**ESSENTIAL JOB FUNCTIONS**
1. Maintain presentable shelves.
2. Control freshness of products.
3. Control package and price.
4. Welcome all customers: be friendly and polite.

**Aide lexicale**
*shelves* = étagères
*package* = emballage

Bakery in a Tesco supermaket.

## Grammar

**Les adjectifs**

- Les adjectifs sont **invariables**.
Ex. : *The two employees are **polite**.*
S'ils sont épithètes, ils se placent avant le nom qu'ils accompagnent.
Ex. : *Samy's a **young** man.*

**Complétez ces phrases par des adjectifs.**

**a.** They're from Great Britain. They are ........................ .

**b.** John and Janet are 84. They're not ........................ .

**c.** The job offers in this magazine are ........................ .

**d.** I'm ........................ at controlling prices.

**1. Lisez la petite annonce. Ces affirmations sont-elles vraies ou fausses ? Justifiez vos réponses.**

**a.** Cette petite annonce propose un emploi de vendeur en boulangerie. ❑ vrai ❑ faux

..........................................................................................................................................

**b.** L'entreprise se situe en Australie. ❑ vrai ❑ faux

..........................................................................................................................................

**c.** L'employé contrôlera seulement la présentation sur les étagères. ❑ vrai ❑ faux

..........................................................................................................................................

**d.** Il n'aura pas à s'occuper des clients. ❑ vrai ❑ faux

..........................................................................................................................................

**e.** Samy Stark répond à l'annonce parce qu'il aime accueillir des gens. ❑ vrai ❑ faux

..........................................................................................................................................

**2. Retrouvez les mots anglais correspondants.**

**a.** supermarché : ..........................................

**b.** produit : ..........................................

**c.** fraîcheur : ..........................................

**d.** prix : ..........................................

**e.** intéressant : ..........................................

**f.** pays : ..........................................

**g.** vacances : ..........................................

**h.** prêt : ..........................................

## Action !!

**Be a salesman**

**Complete the form.**

| | |
|---|---|
| What's your full name? | |
| What's your email address? | |
| What's your mobile number? | |
| How old are you? | |
| Are you British? | ☐ yes ☐ No |
| What's your nationality? | |
| Are you motivated? | |
| What are your qualities? | |
| What are you very good at? | |

**7 words to know** CD 1 Piste 7

polite, friendly, good at + verb -ing, shy, interesting, help, a job offer

# Extra Training

**1.** **Mettez ces phrases à la forme négative.**

**a.** This customer is very old. ..........

**b.** The three children are happy with their small chocolate box. ..........

**c.** Who is here on Sunday? ..........

**d.** I'm really satisfied with this product. ..........

**2.** **Mettez le verbe *BE* au bon endroit et à la bonne forme.**

**a.** How .......... old .......... your .......... employees ..........?

**b.** Where .......... the.......... price ..........?

**c.** People .......... very .......... friendly .......... here.

**d.** Where .......... all .......... these .......... tourists .......... from?

**3.** **Placez quatre de ces adjectifs dans la phrase qui convient :**
***interesting – shy – happy – favourite – welcome.***

**a.** You are .......... to visit our shop.

**b.** In my opinion the visit of this market is ..........

**c.** You win a big box of chocolates! Are you ..........?

**d.** This coffee shop is my .......... place in town.

**4.** **Traduisez les mots ci-dessous.**

**a.** salesman: ..........

**b.** customer: ..........

**c.** organic: ..........

**d.** ready: ..........

**e.** where: ..........

**5.** **Associez chaque question à sa réponse.**

| **Questions** | **Réponses** |
|---|---|
| **a.** Where's your new employee? • | • **1.** 19. |
| **b.** What's his first name? • | • **2.** Yes, he is. |
| **c.** Is he a butcher? • | • **3.** Tom. |
| **d.** How old is he? • | • **4.** On the market. |

# UNIT 1

# Evaluation

## COMPRÉHENSION ÉCRITE

**1. Quel mot anglais correspond à la définition ?**

**a.** A person who sells beef, mutton, pork, etc.

= a ..........

**b.** A place where people sell bread, cakes, biscuits.

= a ..........

**c.** London, Paris or Oxford. = a ..........

**d.** A person who works in a shop or in a company.

= an ..........

**e.** The population in Great Britain.

= the ..........

**2. Mettez le verbe *BE* à la bonne forme.**

**a.** John and his employees ..........

on the market this morning.

**b.** Hello! I .......... John Martin.

**c.** We .......... French.

**d.** Who .......... this? John.

**e.** Is John Italian? No, he .......... .

## EXPRESSION ÉCRITE

**3. Entourez la bonne réponse.**

**a.** Vous voulez savoir l'âge de quelqu'un. Vous demandez :

1. How old are you? 2. Where are you from?

**b.** Vous voulez savoir si quelqu'un est chinois. Vous demandez :

1. Where is China? 2. Are you Chinese?

**c.** Vous voulez savoir ce que quelqu'un pense. Vous demandez :

1. What's your opinion?

2. Are you good at English?

**d.** Vous voulez savoir si votre sœur est là. Vous demandez :

1. Is he here? 2. Is she here?

**e.** Vous voulez connaître des heures d'ouverture. Vous demandez :

1. What are the opening hours?

2. What time is it?

**4. Traduisez les phrases.**

**a.** Je n'ai pas 16 ans.

..........

**b.** Elle vient de Londres.

..........

**c.** Comment t'appelles-tu ?

..........

**d.** Nous ne sommes pas ici pour l'offre d'emploi.

..........

**e.** Quelles sont vos qualités ?

..........

## COMPRÉHENSION ORALE

CD 1 Piste 8

**5. Écoutez les phrases et retrouvez les mots manquants.**

**a.** I'm ..........: the shop's closed.

**b.** .......... your fruit and vegetables organic?

**c.** Our .......... are excellent quality.

**d.** The florist on the market .......... English.

**e.** My .......... are in September.

## EXPRESSION ORALE

**6. Parlez pendant une minute.**
Present your favourite shop in town.

ENGLISH Attack!
www.english-attack.com

# Web Activity

**Now revise words related to business: do the activities in the Photo Vocab "Stores And Shops".**

**Before going to the website**
**These three words are in the Photo Vocab. Can you find them? Reorder the letters.**

1. RAYBEK ..........................................
2. CHAMPRAY ..........................................
3. KTREAM ..........................................

# PORTFOLIO

| **Lire** | ☺ | 😐 | ☹ |
|---|---|---|---|
| Je peux comprendre un texte très court, phrase par phrase, en relisant si nécessaire. | | | |
| Je peux comprendre le texte d'une petite annonce. | | | |
| **Écouter** | ☺ | 😐 | ☹ |
| Je peux comprendre une personne qui indique sa nationalité. | | | |
| Je peux comprendre une courte interview. | | | |
| Je peux identifier le sujet d'une discussion simple. | | | |
| **Écrire** | ☺ | 😐 | ☹ |
| Je peux remplir un formulaire. | | | |
| Je peux me présenter. | | | |
| Je peux décrire des produits. | | | |
| **Parler** | ☺ | 😐 | ☹ |
| Je peux me présenter, indiquer mon âge et ma nationalité. | | | |
| Je peux donner des informations sur des boutiques et des produits. | | | |
| Je peux poser des questions. | | | |

UNIT 2

# Visiting Places

Church building for sale in Portree (West of Scotland) – A Scottish sheep on a Scotland road – A warning road sign – Scottish band in Ullapool (North of Scotland)

## SOMMAIRE

**TASK 1** : Présenter un hôtel

**TASK 2** : Diriger des touristes

**TASK 3** : ***Be a caretaker***

**Outils linguistiques :**

- *There is / there are*
- Exprimer une grande quantité
- Les articles

**Outils lexicaux :**

- Les meubles
- La ville
- Les bâtiments
- Les monuments

**Entourez la traduction des mots. Aidez-vous des images et de leurs légendes.**

**a.** *For sale:* fort sale – à saler – à vendre

**b.** *Warning:* feu de détresse – avertissement – réchauffement

**c.** *Scottish:* écossais – Écosse – écosser

# Start the day

## Rooms at Airth Castle Hotel

**Replacez les mots suivants dans l'étiquette qui convient :**
- table
- chair
- sofa
- cupboard
- bed
- lamp
- curtains

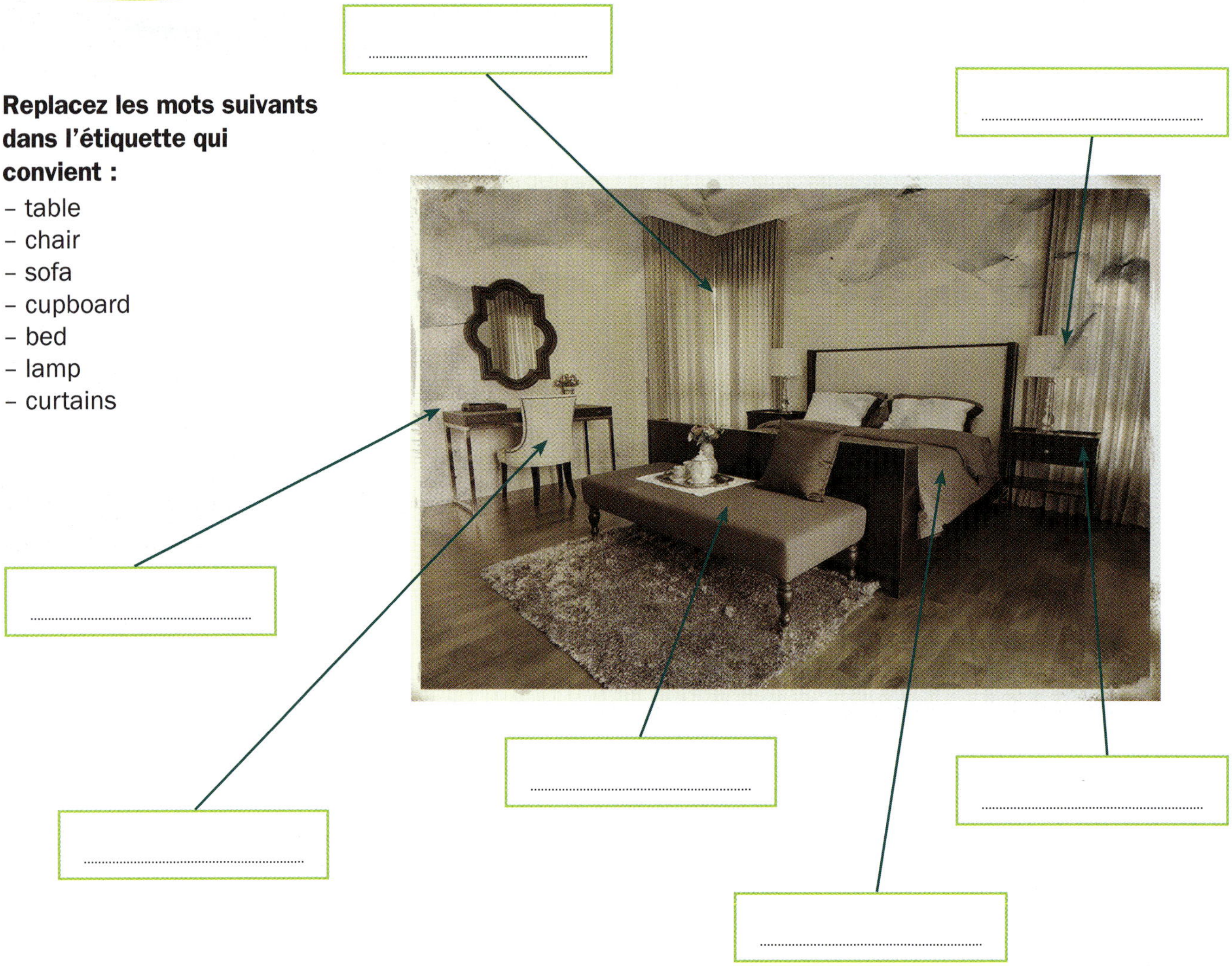

# Grammar

### *There is / there are*

Pour traduire « il y a », on utilise *there is / there are*. *There is / there are* s'accordent avec le nom qui suit.
Ex. : ***There's*** *a ghost here.*
***There are*** *three haunted rooms.*

- **À la forme négative**

***There isn't*** *any noise in this room.*
***There aren't*** *violent ghosts here.*

- **À la forme interrogative**

***Is there*** *a restaurant?*
*How many rooms* ***are there*** *in the hotel?*

**Complétez les phrases par *there is/are* à la bonne forme.**

**a.** From this room, .................................... a nice view.

**b.** .................................... flowers on the table.

**c.** No, .................................... a balcony on the 2nd floor.

**d.** .................................... interesting photos near the window.

**e.** .................................... good shops in the area?

# In focus

## Is Airth Castle Hotel really haunted? CD1 Piste 9

Tradition says there are hundreds of haunted places in Scotland. There are all the key ingredients in the country: dark skies, a dark history, old towns, old castles and ancient folklore. For example in Stirling Castle, near Edinburgh, there are famous ghosts: the Highland Ghost (there's a photo of him), the Green Lady (she saved Mary Queen of Scots) and the Pink Lady (possibly Mary's ghost).

And there are also haunted hotels: for example Airth Castle Hotel. It is located in Falkirk, near Stirling. There's a fantastic view across Scotland and… there are numerous specters. People say there are the ghosts of two children and their nanny: they say there are sounds of children playing in rooms 3, 9 and 23. And there's also the ghost of their dog: it bites visitors' feet in the hallways!

Adapted from hauntedrooms.co.uk

*a hundred* = cent, *the sky* = le ciel, *famous* = célèbre,
a ghost = un fantôme, *a sound* = un bruit, *to bite* = mordre, *feet* = les pieds

A ghost in Airth Castle Hotel?

**1. Lisez l'article. Choisissez la(les) bonne(s) réponse(s).**

**a.** In Scotland there are… ❑ haunted places. ❑ excellent restaurants. ❑ ghosts in hotels.

**b.** Scotland is a good country for ghosts stories because… ❑ its past history is calm. ❑ there are fantastic views. ❑ it's often dark.

**c.** Airth Castle Hotel is… ❑ in Scotland. ❑ not in Scotland. ❑ not a hotel.

**d.** At Airth Castle Hotel there are… ❑ 2 ❑ 3 ❑ 4 ❑ 9 ❑ 23 ghosts.

**2. Répondez aux questions en vous aidant de l'article.**

**a.** How many ghosts are there at Stirling Castle?

……………………………………………………………………………………

**b.** Is there a proof the Highland ghost is "real"?

……………………………………………………

……………………………………………………

**c.** Are the ghosts at Airth Castle Hotel aggressive or not with visitors?

……………………………………………………

……………………………………………………

……………………………………………………

### Pairwork

**Describe what is around round (in your classroom, in your school, outside…). Your partner says if it's right or wrong.**

Ex.: A: There are three windows in the room.
B: Yes. That's right. / No. That's wrong.

## Action !!

CECRL : Savoir donner des informations

# Présenter des chambres d'un hôtel

**Parirwork. You work at the hotel reception for a week. You welcome a visitor (your partner) who wants information about the hotel, the area (=** ***la région***), **the rooms and especially the haunted rooms.**

Ex. : **Visitor:** Hello, I need informations about the haunted rooms in your hotel.
**Receptionist :** There is room number 7 with a double bed and a famous ghost.

**Use the information in the article p. 19 plus the flyer below.**

**TIPS**

**Words**
- Comfortable
- Single/double bed
- Balcony
- Garden

**7 words to know** CD 1 Piste 10

a ghost, haunted, a room, also, a view, a castle, near

# Start the day

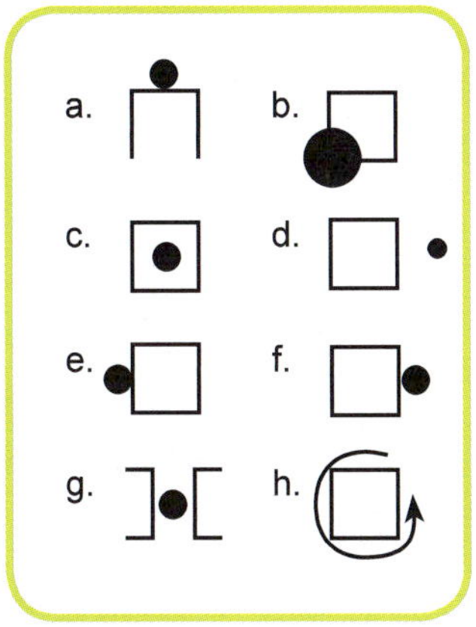


## Map of Edinburgh town centre

**1. Vérifiez le sens des prépositions. Dites à quel schéma ci-contre correspond chaque préposition.**
in/in the center - on - near - in front of - between - on the left - on the right -around

**2. Utilisez ces prépositions pour indiquer ce qu'il y a à voir dans Édimbourg.**
Ex.: There's a street called West Port on the left.

# Grammar

### *Lots of / a lot of*

Pour exprimer une grande quantité, on utilise *lots of* ou *a lot of*.

Ex. : *There are **lots of** (**a lot of**) visitors today.*

*Are there **a lot of** tourists in Edinburgh?*

*There aren't **a lot of** tourists today.*

**Traduisez en anglais...**

**a.** Il y a beaucoup de clients dans cette boutique.

..........................................................................................

**b.** Il n'y a pas beaucoup de stands près d'ici.

..........................................................................................

**c.** Est-ce qu'il y a beaucoup de choses à voir dans la galerie ?

..........................................................................................

# In focus — Things to see in Edinburgh

CD1 Piste 11

**Listen to Patrick McLeod, reporter for Edinburgh Radio.**

**1. Écoutez et identifiez les lieux.**

**a.** Patrick is... ❑ in the centre of Edinburgh.
❑ near Edinburgh.

**b.** The castle is... ❑ in front of him.
❑ on his left.
❑ on his right.

**c.** The cathedral is... ❑ in front of him.
❑ on his left.
❑ on his right.

**d.** The gallery is... ❑ in front of him.
❑ on his left.
❑ on his right.

**e.** There are... ❑ lots of things to see.
❑ only one thing to see.

Edinburgh Castle.

**2. D'après le plan, où est Patrick?**

I think Patrick is ..............................

**3. Vrai ou faux ?**

**a.** Patrick is at the market. V F

**b.** It's dinner time. V F

**c.** There's a pub sign on his right. V F

## Pronunciation

CD1 Piste 12

***They're* ou *there* ?**

**1. Écoutez et répétez en faisant bien la différence.**

**a.** There are two pubs here.
**b.** They're Scottish pubs.

**2. Maintenant, écoutez et indiquez si vous entendez *they're* ou *there*.**

**a.** .................... **b.** ....................
**c.** .................... **d.** ....................
**e.** .................... **f.** ....................

A Scottish highlander carrying bagpipes.

## Cultural Quizz

**Match *(= associez)* the words and the definitions.**

**Words:**

**1.** a castle •
**2.** a station •
**3.** a market •
**4.** Scotland •
**5.** a gallery •
**6.** a cathedral •
**7.** a town •

**Definitions:**

• **a.** There are lots of paintings and sculptures in the building.
• **b.** There are big walls around it and there's a tower in the middle.
• **c.** There are lots of customers there.
• **d.** If it's a big one, there are a lot of houses, factories, streets and inhabitants.
• **e.** It's a religious building with a lot of sculptures and very high windows and wooden doors.
• **f.** It's where there are lots of trains and passengers.
• **g.** There are lots of castles, lakes and mountains there.

# Action !!

CECRL : Savoir donner des indications de lieux

## Diriger des touristes

**Pairwork. Your are in Edinburgh. You welcome foreign students in the city. Give them indications to go and visit the famous places there. You are at the North Bridge, near the railway station.**

Ex.: Tourist1: Hello! Where's the castle East London Street... please?
You: Well. Look. We are here...

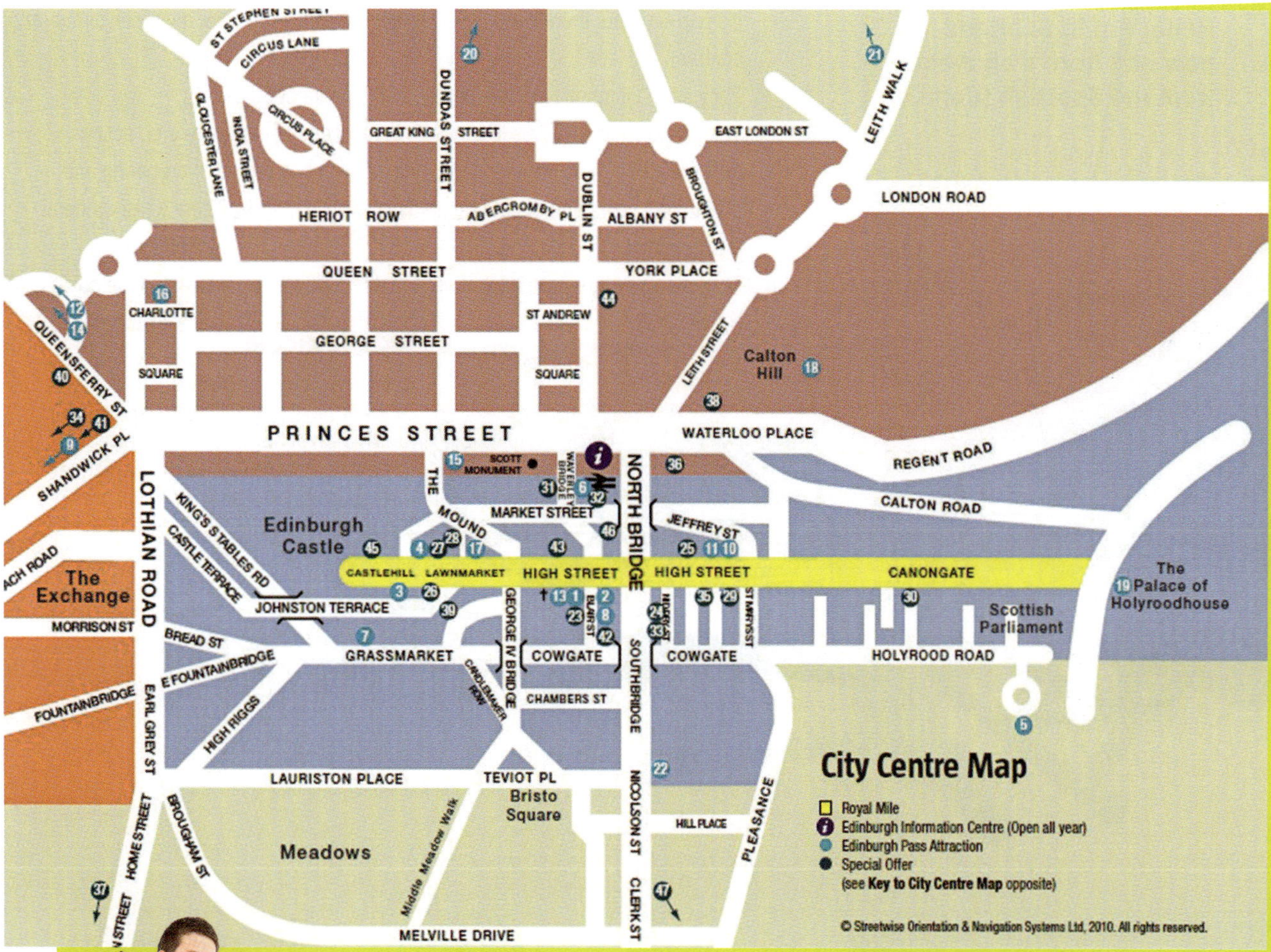

**TIPS**

*Turn left!* = Tournez à gauche !
*Cross!* = Traversez !
*Follow this street.* = Suivez cette rue.
*Go straight to...* = Allez tout droit jusqu'à...

### 7 words to know — CD 1 Piste 13

on the right, on the left, between, lots of, in front of, around, a thing

# Samy's word

**Hello! I'm in Scotland now and here's an e-mail from my Scottish friend.**

# Jobtrotter in... Scotlan

**Objectif** **Savoir présenter un métier**

Hi! Samy.

I think there's a job for you: caretaker / cleaner / handyman at Edinburgh Sports Centre.

It's part-time but there's a possible extension to full-time. It's a 4 week temporary contract.

They say: "Competitive rates of pay, 11-15 hours per week".

The job consists in duties like regular inspections of the entire site, acting as a point of contact for members, helping with any problem, preparing and distributing news and announcements via notice boards. There's also general maintenance.

They also say there are a lot of applicants. So if you are interested, be quick!

Paddy

### Aide lexicale

*maintenance* = entretien
*rates of pay* = taux de rémunération
*handyman* = homme à tout faire
*notice boards* = panneaux d'affichage
*applicant* = candidat
*a duty* = un devoir
*like* = comme

## Grammar

### Les articles

• Lorsqu'il s'agit d'objets /de gens **précisés**, **définis** : ***the*** (le/la/les – « en particulier »),
Ex. : ***The*** *job is not very hard.* ***The*** *members are all very nice.* (Il s'agit d'un groupe de gens spécifique.)

• Lorsqu'il s'agit d'objets /de gens **non définis, dont on n'a pas encore parlé** :
***a*** (singulier = un/une ; ***an*** avant une voyelle) ou bien **Ø** (du, de la, des, le/les – « en général »)
Ex. : *There's* ***a*** *list. There are* **Ø** *interesting things to do* (= **des** choses à faire, on ne précise pas lesquelles). I love **Ø** *music.*

■ **Complétez les phrases avec *a*, *an*, *the* ou Ø.**

**a.** Is there .......... coffee machine here?

**b.** Jeffrey is .......... caretaker here.

**c.** .......... good jobs are hard to find.

**d.** Look! .......... equipment is new.

**1. Répondez à ces questions.**

**a.** Is the job full time or part time? ..............................

**b.** Are there precise details about the salary? ..............................

**c.** Is the place mentioned? ..............................

**d.** Is there a lot of work to do? ..............................

**e.** Are there lots of people at the sports center? ..............................

**f.** Are there things to write? ..............................

**g.** Is the caretaker member of a team (= équipe) or not? ..............................

**h.** Why is it important to be quick? ..............................

**2. Retrouvez les mots français correspondant à ces mots anglais transparents.**

**a.** temporary: ..............................

**b.** contract: ..............................

**c.** regular: ..............................

**d.** entire: ..............................

**e.** members: ..............................

**f.** distributing: ..............................

**g.** announcements: ..............................

**h.** interested: ..............................

## Action !! Be a caretaker

CD1 Piste 14

**Samy goes to the Sports Centre. The caretaker explains his work to Samy. Listen to him speak about his tasks.**

**1. Complete these notes. Then presente orally a summary of your notes.**

Lots of duties: ❑ yes ❑ no

Lots of things to do: ❑ yes ❑ no / Hard: ❑ yes ❑ no

In the morning: there are..............................

In the afternoon: ..............................

In the evening: ..............................

Things to write / where: ..............................

Number of members: ..............................

The caretaker of the Sports Centre.

**2. Do you think this job is for you?**

Ex.: It's easy for me to / it's hard for me to...
There are lots of hard/nice things to do, for example...

### 7 words to know

CD1 Piste 15

a caretaker, a duty, part-time, full-time, an applicant, maintenance, a contract

# Evaluation

## COMPRÉHENSION ÉCRITE

**1. Associez chaque mot à son contraire.**

| | |
|---|---|
| **a.** night | **1.** novice |
| **b.** full | **2.** easy |
| **c.** right | **3.** day |
| **d.** trained | **4.** part |
| **e.** in | **5.** around |
| **f.** hard | **6.** evening |
| **g.** quick | **7.** slow |
| **h.** morning | **8.** left |

**2. *There is? There are? Is there? Are there?* Complétez.**

**a.** .................................... a doctor here?

**b.** I think .................................... a bookshop near the pub.

**c.** .................................... ten monuments in this town.

**d.** Why .................................... police cars over there?

**e.** Look! .................................... new shops in High Street.

## EXPRESSION ÉCRITE

**3. Entourez la bonne réponse.**

**a.** Vous voulez savoir combien de bars il y a en ville. Vous demandez :
1. How many pubs are there in town?
2. Are there pubs in town?

**b.** Vous voulez dire que vous aimez les T-shirts noirs. Vous dites :
1. I like the black T-shirts. 2. I like black T-shirts.

**c.** Vous voulez attirer l'attention sur un panneau. Vous dites :
1. Look at the sign! 2. Look at a sign!

**d.** Vous voulez dire que vous êtes entre le château et la gare. Vous dites :
1. I'm near the castle and the station.
2. I'm between the castle and the station.

**e.** Vous voulez préciser qu'il y a beaucoup de candidats. Vous dites :
1. There are a lot of applicants.
2. There are lots of caretakers.

**4. Placez l'article qui convient : *a, an, the* ou Ø.**

**a.** The offer says it's .................... temporary contract.

**b.** This is Jeffrey: he is one of .................... caretakers in the Sports Center.

**c.** I think .................... big roads are really dangerous.

**d.** There's .................... problem with the security here.

**e.** All .................... buildings in the area are brick buildings.

## COMPRÉHENSION ORALE

CD 1 Piste 16

**5. Écoutez les phrases suivantes et retrouvez les mots manquants.**

**a.** They say Airth Castle .................... is .................... .

**b.** Be careful! There's a lot of .................... around here.

**c.** There are blue flowers .................... the window and the .................... are blue too.

**d.** Edinburgh .................... is a famous .................... .

**e.** There's .................... work for a .................... here.

## EXPRESSION ORALE

**6. Utilisez *there is / there are* pour décrire la photographie.**

A street in London.

## Making a trip around Falkirk

CD1 Piste 17

**1.** **Quatre visiteurs décrivent chacun l'endroit qu'ils visitent près de Falkirk. Écoutez-les et remplissez le tableau ci-dessous.**

| | Visitor 1 | Visitor 2 | Visitor 3 | Visitor 4 |
|---|---|---|---|---|
| **Name** | | | | |
| **Town** | Stirling? Edinburgh? Bo'ness? | Stirling? Edinburgh? Bo'ness? | Stirling? Edinburgh? Bo'ness? | Stirling? Edinburgh? Bo'ness? |
| **Photo** | N. ........................ | N. ........................ | N. ........................ | N. ........................ |
| **Place** | | | | |
| **Things to see** | | | | |
| **Negative points** | | Her mother's opinion: | | |

**2.** **Présentez vos notes à haute voix.**

## React !!

**About the text. 1.** Which is your favourite photo? Why?

**Go further. 2.** What is your favourite outing (= *sortie*)?
A walk in a town at night? Visiting a historical place? A trip on a train? A walk along the coast? Taking photos?

### 7 words to know

CD1 Piste 18

- historical
- a trip
- along
- a boat
- the coast
- a hero
- make

ENGLISH Attack!
www.english-attack.com

# Web Activity

**Now revise words related to towns and cities: do the activities in the Photo Vocab "On The Street".**

**Before going to the website**
**Here are five words. Which ones are probably in the Photo Vocab? Circle them.**

1. mail box
2. computer
3. graffiti
4. parking
5. meter
6. dressing room

# PORTFOLIO

| **Lire** | ☺ | 😐 | ☹ |
|---|---|---|---|
| Je peux comprendre la description d'un lieu. | | | |
| Je peux comprendre les informations concernant un emploi. | | | |
| Je peux identifier des informations sur un plan. | | | |
| **Écouter** | ☺ | 😐 | ☹ |
| Je peux comprendre une personne qui décrit le lieu où elle est. | | | |
| Je peux comprendre une personne qui décrit son travail. | | | |
| **Écrire** | ☺ | 😐 | ☹ |
| Je peux décrire des lieux. | | | |
| Je peux écrire une suite de phrases sur ce qu'il y a à voir quelque part. | | | |
| **Parler** | ☺ | 😐 | ☹ |
| Je peux décrire un centre ville. | | | |
| Je peux expliquer un chemin à l'aide d'une carte ou d'un plan. | | | |
| Je peux donner des indications de quantité. | | | |

# UNIT 3

# Helping Others

An Aboriginal school in Australia.

## SOMMAIRE

**TASK 1** : Écrire un courrier

**TASK 2** : Demander de l'aide

**TASK 3** : ***Be an advisor***

**Outils linguistiques :**
- *Have got*
- Le génitif
- Les pronoms relatifs *who* et *which*

**Outils lexicaux :**
- Les qualités
- Les vêtements
- La famille
- Le corps

**Associez les éléments de deux colonnes pour décrire oralement l'image.**

| | |
|---|---|
| the lady | clean |
| a child | warm |
| the children | calm |
| the environment | (not) attentive |
| the building | patient |
| | natural |
| | interested |
| | sitting |
| | shoes / barefooted |
| | modern |

# Start the day

## A dog walker in Sydney

**Décrivez l'homme et ses chiens.**
Ex.: He/it 's got... on *(vêtements) ou bien* He/it's got... *(physique).*

A man walking dogs on a skateboard at Bondi Beach, Sydney.

# Grammar

**Have got**

**À la forme affirmative**
*I / you have got – I / you've got*
*He / she / it has got – He / she /it's got*
*We / you / they have got – We / you / they've got*

**À la forme négative**
*I / you haven't got*
*He / she / it hasn't got*
*We / you / they haven't got*

**Forme interrogative**
*Have I / you got...?*
*Has he / she / it got...?*
*What have we / you / they got...?*

▪ **Remettez ces phrases dans l'ordre.**

**a.** ? / got / have / house / the / you / address / of / their

..............................................................................................

**b.** ! / got / Dave / dog / has / the

..............................................................................................

**c.** . / hasn't / photos / of / he / the / got / rescue

..............................................................................................

**d.** ? / he / got / or / has / shoes / boots

..............................................................................................

**e.** . / a / volunteers / salary / got / haven't

..............................................................................................

# In focus

## A dog's day in Sydney

CD1 Piste 19

Dave has got a fantastic job: he is a dog trainer at the Canine Training Centre in Sydney.

Today he's got a special mission: rescuing dogs. There is a tempest in Sydney and there's a lot of water in lots of houses. "We've got warm winds[1] gusting[2] at up to 80km/h, right now! And we've got fires. It's important to take care of animals too. We are 50 volunteers; we've got boats… and courage! Right now at the Centre, we've got eight little dogs, we've got bulldogs, cattle dogs, we've got everything," Dave says. "And they're happy here: they have a massive pool[3] and several acres[4] of playgrounds[5] to keep them distracted."

*7NEWS*, September 10, 2013.

1. wind = *du vent* – 2. to gust = *souffler en rafales* – 3. pool = *bassin* – 4. acre = *hectare* – 5. ground = *terrain.*

Dave saving a dog.

**1. Cochez les propositions qui correspondent à l'article de journal.**

**a.** ❑ Dave has got two jobs: he is a dog trainer and a rescuer.

**b.** ❑ Dave is Australian.

**c.** ❑ There are tempests in Australia.

**d.** ❑ They've got cats and dogs at the Centre.

**e.** ❑ The Centre is a small building with lots of cages.

**2. Répondez aux questions suivantes.**

**a.** What are the consequences of tempests?

..............................................................................................................

**b.** What is important for Dave?

..............................................................................................................

**c.** Why are the dogs at the Canine Centre happy?

..............................................................................................................

## Speak up!

**1. Which qualities are necessary for a dog trainer like Dave? Tick *(= cochez)* them in the grid.**

| | courage | ideals | a big heart (= *cœur*) | strength (= *force*) | teacher's qualities | patience | authority |
|---|---|---|---|---|---|---|---|
| **Dog trainer** | | | | | | | |
| **Rescuer** | | | | | | | |

**2. Recap your choices orally. You can add *(= ajouter)* other qualities.**

Ex. : *As a dog trainer, Dave has necessarily got… because… I'm sure he is also…*

# Action !!

CECRL : Savoir faire une description

## Écrire un courrier

**Your neighbour has lost *(= a perdu)* her dog. Write for her to the canine center to have information about the dog: describe the animal and ask if they have got it.**

**Here is the photo of the dog with your neighbour.**

Dear Sir.
My friend has lost *(= perdu)*... Here's the description: it...

........................................................................................................

........................................................................................................

........................................................................................................

........................................................................................................

........................................................................................................

........................................................................................................

........................................................................................................

........................................................................................................

**7 words** to know — CD1 Piste 20

have got/has got, to rescue, to take care of, to train, a dog trainer, too, right now

Task 2

UNIT 3

# Start the day

## The Twins of the day

**Décrivez les images en suivant l'exemple ci-dessous.**
Ex. : X's T-shirt is different from Y's T-shirt...
But they've got the same (= *même*)...

1 Twins by playmobil.

2 Ashley and Mary-Kate Olsen, famous twin actresses in Hollywood, in the movie, *New York Minute,* 2014.

3 Peter and Paul Ross, 15, posing for their school magazine.

**Aide lexicale**
hairstyle = *coiffure*
attitude; look = *regard*
smile = *sourire*

# Grammar

### Le génitif

Le génitif sert le plus souvent à exprimer un lien de parenté ou de possession.

Attention à l'**ordre des mots** (c'est l'inverse du français) :

Ex. : *Ricky****'s*** *organization* = l'organisation de Ricky

**Avec un nom au pluriel, l'apostrophe se place après le *s* final :**

Ex. : *the Triplets' parents*

**Question** = *Whose* + nom ...?

Ex. : ***Whose*** *T-shirt is this?* ***Whose*** *notes are these?* ***Whose*** *parents are they?*

- **Complétez ces questions-réponses.**

**a.** Whose coat is it? (The babysitter)

........................................................................ .

**b.** ........................................................................ ?

It's Ricky's website.

**c.** Whose children are they? (One of the employees)

........................................................................ .

**d.** ........................................................................ ?

They're Ricky's sons.

# In focus

## Help parents with triplets!

CD1 Piste 21

**Listen to Fiona Rangers, a reporter for Sydney Radio 5. She is with Ricky Jones, the president of "POTATO".**

**1. Complétez la première partie de l'interview.**

**Fiona:** .................... everybody. .................... I am with Ricky Jones who is the president of POTATO, the .................... .................................... .

**Ricky Jones:** Yes! It's a funny .................... for a serious ....................! You know, it's really .................... to get organized when you've got .................................... . Especially if you've got very young .................... or .................... .

**2. Répondez à ces questions.**

**a.** When is Ricky's organization important for parents?

..............................................................................

..............................................................................

..............................................................................

**b.** What qualified employees have they got?

..............................................................................

..............................................................................

..............................................................................

**c.** Why is Ricky an expert in big families?

..............................................................................

..............................................................................

..............................................................................

## Write

**Marge Simpson and Angelina Jolie: two mothers!**
Write a few sentences to describe what difficulties they have with their husband (= *mari*), children and people around them.

Angelina with her five children.

Marge with her three (four?) children

## Pronunciation

CD1 Piste 22

**Les sons de la lettre « a »**

**Écoutez les mots, écrivez-les et cochez le son entendu.**

| | a. | b. | c. | d. | e. | f. | g. |
|---|---|---|---|---|---|---|---|
| **Mot entendu ?** | | | | | | | |
| **Le son [æ] de cat ?** | | | | | | | |
| **Le son [aː] de car ?** | | | | | | | |

# Action!! Task 2

UNIT 3

CECRL : Savoir expliquer ce que l'on a

## Demander de l'aide

*Mother: young*

*Father: a lot of work*

*Number of children: 6*

*Steven: 7*

*Mike, Brenda: 3*

*Al, Bill, Cal: 5*

*Difficulties: lunch time and dinner time, school (Steven), cleaning.*

*Other details: big house, big dog.*

*No car. Town's financial help.*

**Pairwork. Help your cousins with their six children! Contact POTATO (your partner, on the phone or in his office).**

**a.** Describe your cousins' situation and difficulties.

**b.** Ask them for specific services.

Here are your notes.

**7 words** to know CD 1 Piste 23

the same, different from, twin, funny, daughter, son, to look after

# Samy's word

**I've got a job in Sydney! I work at Optus, an Australian Telecom Company. And they need a sales advisor to help people with technical problems.**

# Jobtrotter in... Sydney

**Objectif** Savoir identifier un problème

**Here is one of Optus web pages.**

## Grammar

### Les pronoms relatifs *who* et *which*

***Who*** reprend un antécédent humain. ***Which*** reprend un antécédent non-humain. On peut, à l'oral, les remplacer par ***that***.
Ex. : *Here's the technician* ***who****'s got your answer. Click on the logo* ***which*** *is on the left.*

■ **Replacez les mots suivants : *company – machines – person – people – who – which.***

**a.** A technician is a … who helps … who've got problems with … are out of order.

**b.** Optus is a recent … … is now one of the Australian leaders in the telecommunication market.

## Task 3

**1. Cochez les informations que l'on trouve sur le site de Optus, en précisant l'élément sur lequel il faut cliquer *(logo number / picture number)* pour l'obtenir.**

In this web help, there's an answer for...

**a.** ❑ people who've got a problem with their bill (*= facture*). (Logo N...... or picture N......)

**b.** ❑ people who need a brochure. (Logo N...... or picture N......)

**c.** ❑ customers who've got a problem with their mobile phone. (Logo N...... or picture N......)

**d.** ❑ customers who've got an animal at home. (Logo N...... or picture N......)

**e.** ❑ people who've got a question to ask. (Logo N...... or picture N......)

**f.** ❑ people who need information about the company. (Logo N...... or picture N......)

**g.** ❑ applicants for a job at Optus. (Logo N...... or picture N......)

**h.** ❑ customers who need to speak to a technician. (Logo N...... or picture N......)

**i.** ❑ companies who've got a new address. (Logo N...... or picture N......)

## Action!!

**Be an advisor** CD1 Piste 24

**1. Listen to these five phone calls and take down notes.**
**2. For each call, explain orally what the problem is.**

| | 1st call | 2nd call | 3rd call | 4th call | 5th call |
|---|---|---|---|---|---|
| **Who?** | ❑ Man<br>❑ Woman | ❑ Man<br>❑ Woman | ❑ Man<br>❑ Woman | ❑ Man<br>❑ Woman | ❑ Man<br>❑ Woman |
| **Phone number ?** | ............................<br>❑ I don't know | ............................<br>❑ I don't know | ............................<br>❑ I don't know | ............................<br>❑ I don't know | ............................<br>❑ I don't know |
| **Location?** | ❑ Sydney<br>❑ Brisbane<br>❑ Darwin<br>❑ Melbourne<br>❑ Canberra<br>❑ I don't know | ❑ Sydney<br>❑ Brisbane<br>❑ Darwin<br>❑ Melbourne<br>❑ Canberra<br>❑ I don't know | ❑ Sydney<br>❑ Brisbane<br>❑ Darwin<br>❑ Melbourne<br>❑ Canberra<br>❑ I don't know | ❑ Sydney<br>❑ Brisbane<br>❑ Darwin<br>❑ Melbourne<br>❑ Canberra<br>❑ I don't know | ❑ Sydney<br>❑ Brisbane<br>❑ Darwin<br>❑ Melbourne<br>❑ Canberra<br>❑ I don't know |
| **Problem with / question about?** | ❑ Mobile phone<br>❑ DSL modem<br>❑ Internet TV<br>❑ ........................ | ❑ Mobile phone<br>❑ DSL modem<br>❑ Internet TV<br>❑ ........................ | ❑ Mobile phone<br>❑ DSL modem<br>❑ Internet TV<br>❑ ........................ | ❑ Mobile phone<br>❑ DSL modem<br>❑ Internet TV<br>❑ ........................ | ❑ Mobile phone<br>❑ DSL modem<br>❑ Internet TV<br>❑ ........................ |
| **Needs:** | ❑ Technical help<br>❑ A new mobile phone<br>❑ A new number<br>❑ Information about PIN code<br>❑ Information about bill<br>❑ A brochure | ❑ Technical help<br>❑ A new mobile phone<br>❑ A new number<br>❑ Information about PIN code<br>❑ Information about bill<br>❑ A brochure | ❑ Technical help<br>❑ A new mobile phone<br>❑ A new number<br>❑ Information about PIN code<br>❑ Information about bill<br>❑ A brochure | ❑ Technical help<br>❑ A new mobile phone<br>❑ A new number<br>❑ Information about PIN code<br>❑ Information about bill<br>❑ A brochure | ❑ Technical help<br>❑ A new mobile phone<br>❑ A new number<br>❑ Information about PIN code<br>❑ Information about bill<br>❑ A brochure |

### 7 words to know CD1 Piste 25

an address, a mobile phone, a technician, a brochure, a bill, support, a sales advisor

# Entraînement au CCF

## Situation A — COMPRÉHENSION ÉCRITE — EXPRESSION ÉCRITE

### *A social worker's job*

Dan is 24. He is a social worker in London. His role consists in helping people with problems. For example he's got the case of Julia, 46: her mother is in a home for old people. She is 82, ill and immobile. Now Julia has got money problems and her mother's nursing home is expensive. Julia isn't married, she's got no children. She's got a job: she's a dog trainer, but her salary is not high and it's impossible for her to stop working. Julia's intentions are clear: bring her mum home.

Is there a solution for Julia?

Well, Dan's got one. In his district there is a team of volunteers ready to look after children or old people and of course Dan's got their phone number.

Adapted from *www.theguardian.com*

**Répondez en anglais aux questions suivantes : (10 x 2 points)**

**1.** What's Dan's job?
**2.** How old is Dan?
**3.** Is Julia Dan's sister or one of Dan's cases?
**4.** How old is she? What's her job?
**5.** Where is Julia's mother?
**6.** Why is Julia's mother there?
**7.** Why has Julia got money problems?
**8.** Has Julia got a big family? Explain your answer.
**9.** Who has got a solution for Julia?
**10.** Who is ready to help Julia?

## Situation B — COMPRÉHENSION ORALE

### Making a collection — CD 1 Piste 26

**Répondez en français aux questions suivantes.**
**Vous pouvez écouter l'enregistrement 3 fois.**

**1.** Le journaliste présente-t-il une émission ? Sur quel sujet ? *(1 point)*
**2.** Combien de personnes sont interrogées ?
Quel est leur métier ? *(1 point)*
**3.** Quel est l'âge de Max ? *(1 point)*
**4.** Où habite-t-il ? (pays + ville). *(1 point + 1 point)*
**5.** Quel métier son père exerce-t-il ? *(1 point)*
**6.** Quel métier sa mère exerce-t-elle ? Où ? *(1 point + 1 point)*
**7.** Que collectionne Max ? De quelle couleur sont-ils ? *(1 point + 1 point)*
**8.** Combien y a-t-il d'objets dans sa collection ? *(2 points)*
**9.** Que peut-on voir sur le devant des objets collectionnés ? *(2 points)*
**10.** Qu'est-ce qui figure sur le premier objet cité par Max ? *(1 point)*
**11.** Qu'est-ce qui figure sur le deuxième objet cité par Max ? *(1 point)*
**12.** Quel est le problème concernant les objets de sa collection ? *(1 point)*
**13.** Où travaille Max le week-end ? *(1 point)*
**14.** Que fait-il ? *(1 point)*

## Charities in Australia

CD1 Piste 27

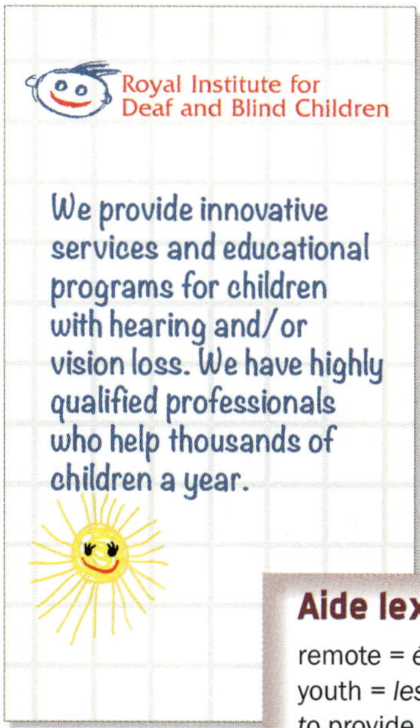


### Aide lexicale

remote = *éloigné*
youth = *les jeunes*
to provide = *procurer*
a right = *un droit*
loss = *perte*
deaf = *sourd*
blind = *aveugle*

**1. Lisez les affiches et choisissez la (les) réponse(s) se trouvant dans les textes.**

**a.** Desert2Surf uses... ❑ desert activities. ❑ surfing. ❑ indigenous youth.

**b.** In Australia there are youth who... ❑ live in remote areas. ❑ are disadvantaged. ❑ like profit.

**c.** ALQ... ❑ is against vegetarianism. ❑ defends animals' rights.

**d.** The RIDBC... ❑ has blind professionals. ❑ helps lots of children. ❑ uses old techniques.

**2. Complétez.**

**a.** Common point: the three organisations ................................................ .

**b.** Differences: Desert2Surf and the RIDBC's missions ................................................

but ALQ ................................................ .

**3. Retrouvez dans les affiches l'équivalent anglais des mots suivants.**

**a.** souffrance : ..............................

**b.** pouvoir : ..............................

**c.** à but non lucratif : ..............................

**d.** des milliers de : ..............................

### 7 words to know

CD1 Piste 28

a charity
deaf
blind
indigenous
power
rights
disadvantaged

### React !!

**About the text. 1.** For you what is a "good charity"?

**Go further. 2.** Do you think charities are efficient / useful / honest...?

**3.** You decide to work for a charity in your area. Which charity are you ready to work for?

# Web Activity

ENGLISH Attack!
www.english-attack.com

**Now revise words related to family links: do the activities in the Photo Vocab "Family".**

**Before going to the website**

**Can you find three words ending with *-er* that you are sure to find in the Photo Vocab.**

.................................................

.................................................

.................................................

.................................................

.................................................

## PORTFOLIO

| Lire | ☺ | 😐 | ☹ |
|---|---|---|---|
| Je peux comprendre un texte court parlant d'aide à la personne. | | | |
| Je peux identifier des informations essentielles sur une page web. | | | |
| **Écouter** | ☺ | 😐 | ☹ |
| Je peux comprendre une personne qui a besoin d'aide technique. | | | |
| Je peux comprendre une personne qui parle de ses difficultés. | | | |
| Je peux comprendre une personne qui parle de sa famille. | | | |
| **Écrire** | ☺ | 😐 | ☹ |
| Je peux faire une lettre simple. | | | |
| Je peux décrire les caractéristiques d'une personne ou d'un animal. | | | |
| **Parler** | ☺ | 😐 | ☹ |
| Je peux poser des questions sur ce que les gens ont. | | | |
| Je peux décrire des difficultés. | | | |
| Je peux décrire quelqu'un de façon précise. | | | |

UNIT 4

# Repair Services

Bicycle shop in Wellington (New Zealand).

## SOMMAIRE

**TASK 1** : Renseigner un client

**TASK 2** : Créez un test de personnalité

**TASK 3** : ***Be a phone operator***

**Outils linguistiques :**
- Le présent simple
- Les adverbes de fréquence
- Les adjectifs possessifs

**Outils lexicaux :**
- Les verbes d'action
- Le bricolage
- L'informatique
- Les machines

**Dites en anglais où ces mots sont représentés dans l'image.**
*a basket – an old bike – a carpet – a customer – a chain – a hat – a lamp – a tatoo*

**Utilisez les propositions suivantes :**
*on the left – on the right – on near another object – on a wall – on a person*

# Start the day

## Repair your house

**IF YOU NEED HELP**
**call one of our four experts in Auckland!**
**Anton repairs furniture (beds, cupboards...).**
**Joe works in bathrooms and kitchens.**
**Alex repairs computers.**
**Nicky checks circuits.**

**1. Associez image, métier et activités.**

**a.** Who is the plumber? the electrician? the furniture repairman? the technician?

.................... .................... .................... ....................

**b.** Who does what?

repair radiators – install alarms – check printers – change cables – maintain network – work in toilets – restore chairs – install basins – fix tables.

| The plumber | The electrician | The furniture repairman | The technician |
|---|---|---|---|
| .................... | .................... | .................... | .................... |
| .................... | .................... | .................... | .................... |
| .................... | .................... | .................... | .................... |
| .................... | .................... | .................... | .................... |

**2. Trouvez oralement dans les activités listées, des noms de machines, de lieux, de matériel et des verbes liés aux réparations.**

# Grammar

### Le présent simple

• **À la forme affirmative**
I / you / we / they think.
He / she / it like**s**.

• **À la forme négative**
La négation s'accroche toujours à un auxiliaire, ici c'est ***do***.
I / you / we / they **don't** think.
He / she / it **doesn't** like.

• **À la forme interrogative**
*(Wh...)* Auxiliaire (*do* ou *does*) + sujet + verbe
Ex. : *What **do** you **want**?*
*What **does** she **do**?*

**1. Mettez ces phrases à la forme négative.**

**a.** I repair computers. ....................

**b.** She works at Bunnings. ....................

**c.** He checks circuits. ....................

**d.** They help customers. ....................

**2. Écrivez la question correspondant à chaque phrase de l'exercice 1.**

**a.** What .................... ?

**b.** Where .................... ?

**c.** What .................... ?

**d.** Who .................... ?

# In focus

## Task 1

### Bunnings: a great DIY store

**1. Répondez aux questions et citez la phrase de l'affiche qui explique votre réponse.**

**a.** Is Bunnings a small or a large store?

........................................................................................

........................................................................................

**b.** Is Bunnings a successful store?

........................................................................................

........................................................................................

**c.** Do they help customers?

........................................................................................

........................................................................................

**d.** What do customers buy at Bunnings?

........................................................................................

........................................................................................

**e.** Is Bunnings for professionals or non-professionals?

........................................................................................

........................................................................................

........................................................................................

**Aide lexicale**

roof = *toit*
to achieve = *mener à bien*
DIY = *do it yourself*
more than = *plus de*

**2. Retrouvez dans l'affiche l'équivalent des mots suivants.**

**a.** tout : ........................................

**b.** une coupure de courant : ........................................

**c.** piles : ........................................

**d.** passer la porte : ........................................

**e.** se préparer : ........................................

**f.** améliorer : ........................................

**g.** rajeunir : ........................................

## Speak up!

**Game: describe a job, your partner finds it.**

**List of jobs:** a butcher – a florist – a baker – a shop assistant – an operator – a tattooist – a dog trainer – a caretaker – a babysitter

**Example**

**You:** In this job, you take care of young children. You need to be patient and dynamic. Sometimes, you work late in the evening.

**Your partner :** I think you're describing a babysitter.

# Action !!

CECRL : Savoir décrire ce que font les gens

## Renseigner un client

**Pariwork. You work at Bunnings'. Tell customers about the new trends *(= tendances)* in decoration.**

A customer (your partner) wants to change everything in his house.
He asks you questions about new trends.
Use the employer's notes about new trends to explain them to the customer.

Change roles after two questions.

**Decoration**
factory furniture, industrial materials, gray / black, wood and metal, old broken tables or cupboards. Stickers on walls.

**Kitchen**
traditional taps, contemporary taps, synthetic / steel (= acier) sinks (= éviers) / bright colours (orange / green)

**DIY**
no money : repair a lot / not expensive furniture /objects

**Heating**
design radiators, solar panels, and ventilation systems

**Bathroom**
mosaics / black and white

**TIPS**

**Useful verbs:**
like, use, put *(= mettre)*,
decorate, tend to *(= avoir tendance à)*,
buy, combine, make, create,
remove *(= retirer)*, draw, plan

**7 words to know** CD 1 Piste 29

equipment, to improve, to update, yourself, to check, to repair, furniture

# Start the day

## Car crashes in New Zealand

Road sign in New Zealand.

**Retrouvez, dans le texte du ministère des Transports, les mots correspondant aux phrases suivantes.**

**a.** He is not always visible to car drivers. ..........

**b.** If you drink too much of it you run a risk. ..........

**c.** In New Zealand it means more than 100km/h on a road. ..........

**d.** You fasten it in your car when you are in your seat. ..........

**e.** A car accident is also called a ..........

**f.** When the victim dies in the accident is ..........

# Grammar

### Les adverbes de fréquence

| | |
|---|---|
| *always* | toujours |
| *often* | souvent |
| *sometimes* | parfois |
| *rarely* | rarement |
| *never* | jamais |

- Les adverbes de fréquence se placent juste **avant le verbe** ou **après** *BE*.

Ex. : *They **often** drive fast.*
*They're **always** in a hurry.*

**Replacez l'adverbe au bon endroit puis traduisez la phrase en français.**

**a.** Drivers respect limits. (rarely) ..........

..........

**b.** A mechanic is precise. (always) ..........

..........

**c.** Young people drink on Saturday nights. (often) ..........

..........

**d.** Does he take the Expressway? (sometimes) ..........

..........

## In focus

### Mark, a breakdown mechanic

CD1 Piste 30

**Listen to Marika Tahekatas, a reporter who is in Wellington with Mark.**

**1. Quelles images correspondent à ce qui est dit dans l'interview ? Pourquoi ?**

❏ **Picture A**

............................................
............................................
............................................
............................................

❏ **Picture B**

............................................
............................................
............................................
............................................

❏ **Picture C**

............................................
............................................
............................................
............................................

❏ **Picture D**

............................................
............................................
............................................
............................................

**Aide lexicale**

to tow = *remorquer*
a breakdown = *une panne*
to wake up = *se réveiller*
to fasten = *attacher*
a fact sheet = *une fiche d'informations*

**2. Répondez à ces questions.**

**a.** What does Mark usually do before going to the garage? ............................................

**b.** What does he sometimes repair? ............................................

**c.** How many vehicles a day does he usually tow? ............................................

**3. Cochez ce que dit Mark. Rectifiez ce qui est faux.**

**a.** ❏ People often drive too fast. ............................................

**b.** ❏ People always respect speed limits. ............................................

**c.** ❏ The adult legal limit of blood alcohol content is 120 mg/100 ml. ............................................

**d.** ❏ Young drivers never take drugs in New Zealand. ............................................

**e.** ❏ They usually have their safety belt fastened. ............................................

## Role PLAY

**Describe what you do everyday. Use the adverbs *never, always, sometimes*. Your partner says if it's true or false. He wins one point if he finds the right answer. Change role after three points.**

Ex. : **You:** *I always wake up at 6.*
**Your partner:** *False! You don't always wake up at 6. On Sundays I am sure you wake up at 11!*

## Pronunciation

CD1 Piste 31

**L'accent des mots en *-ic* et *-ical***

**1. Écoutez les mots suivants et entourez la syllabe accentuée. Répétez-les.**

mechanic – specific – technical – mechanical – statistical – fantastic – dramatic – electric

**2.** Les mots qui se terminent par *-ic* et *-ical* sont toujours accentués sur ............................................

# Action!! Task 2

CECRL : Savoir parler d'habitudes

## Créer un test de personnalité

**Look at this personality test then do the same about a job you like.**
Don't forget to prepare the conclusion!

**Then ask the questions to other pupils.**

Mark, the breakdown mechanic.

### ARE YOU A GOOD BREAKDOWN MECHANIC?

1. ON WEEKDAYS, DO YOU OFTEN GET UP...
   - ● between 7 and 10 am?
   - ▲ after 11 am?
   - ■ in the afternoon?

2. WHEN ONE OF YOUR FRIENDS HAS A PROBLEM WITH HIS CAR, DOES HE...
   - ▲ sometimes call you?
   - ● always call you?
   - ■ never call you?

3. YOU SEE A SMALL SPOT (= *tache*) ON YOUR JEANS. DO YOU...
   - ▲ put water on it?
   - ■ forget it?
   - ● change jeans immediately?

RESULTS
You've got a majority of ● you are...

**7 words to know** CD 1 Piste 32

a breakdown, a mechanic, a speed limit, a safety belt, a crash, to respect, to consist of

# Samy's word

**Hi! I am in New Zealand now… I am quite happy to be here. And I've got a new job: I work at "Services in Auckland" and I answer the phone.**

# Jobtrotter in… New Zealand

**Objectif** Savoir répondre au téléphone

**We travel to your home or office to fix troublesome computers and help solve your computer problems.**

The word of our founder, Matthew: *Geeks on Wheels* is my idea and I'm proud of the concept. And now my wife is a member of our team too. Geeks on Wheels is a big family.

**Website: geeksonwheels.co.nz**

**Adams employs a team of 51, including electricians, plumbers and gas fitters.**

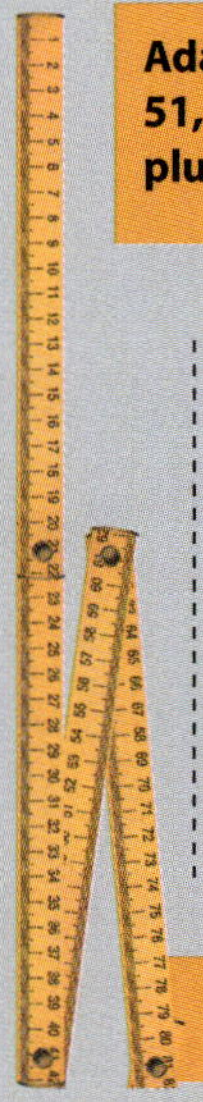

Mark the manager is a fully qualified electrician himself. He says: *"We keep our promises. We value and look after our customers. We do quality work without any dramas. We arrive on time, every time."*

**Website: adamsnz.com**

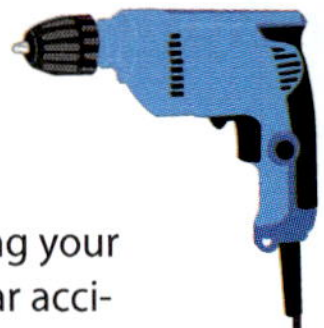

**At Crash Repair Services**
one of the managers says:

"My husband and I know that getting your car back on the road again after a car accident is sometimes a difficult experience. Our company is efficient. We are New Zealand's N°1 preferred accident management & collision repair service".

**Website: crashbrokers.co.nz**

### Aide lexicale

a wheel = *une roue*
to solve = *résoudre*
proud = *fier*

## Grammar

### Les adjectifs possessifs

| Singulier | Pluriel |
|---|---|
| *My* (mon, ma, mes) | *Our* (notre, nos) |
| *Your* (ton ta, tes / votre, vos) | |
| *His/her/its* (son, sa, ses) | *Their* (leur, leurs) |

Ils sont **invariables**, comme tous les adjectifs.
Ex. : ***My*** *book* / ***my*** *book****s***

**Au singulier,** ils permettent de savoir si le possesseur est **masculin ou féminin.**
Ex. : ***his*** *suitcase* (sa valise à lui), ***her*** *suitcase* (sa valise à elle)

■ **Complétez par l'adjectif possessif qui convient.**

**a.** Ann works with .................... husband Tom.

**b.** Ann and Tom love .................... company.

**c.** Tom is proud of .................... company.

**d.** What's .................... opinion?

## Task 3

1. **What indicates the country in the websites addresses?**

........................................................................................................

2. **What do these companies do?**

........................................................................................................

3. **Which motto (= *devise*) goes with each company?**

FREE Courtesy car
Pick-up & delivery
Valet company: ..................................................

We fix Windows PC's and Mac's company: ..............................

The strength of many people company: ..............................................

4. **What do you learn about the bosses of these companies?**

........................................................................................................

## Action!!

**Be a phone operator**

At "Services in Auckland", a team of operators transfer the customers to the right service company (the three companies listed above). You work with Sam and your partner is a customer. Play the phone conversation. Change roles after two customers.

Example:
- Good Morning, Services in Auckland. Andrea speaking. Can I help you?
- Well, Yes. My ... is out of order. It usually... but...
- All right, Sir/Madam. I switch you to ... . They are...

| | His/her complaint | Problem description | |
|---|---|---|---|
| | | Usually | Now |
| **Customer No.1** | Electricity in kitchen | New / works well / lamps: ok | Turn the light on > washing machine! No light |
| **Customer No.2** | Engine | No noise / never smoke | Funny noise / sometimes smoke / funny smell / red indicator |
| **Customer No.3** | Printer | No noise / print: quickly / reproduces colours well | A lot of noise / slowly / all gray |
| **Customer No.4** | Water system | Flow (= *couler*) : ok. hot / cold: ok. Always clear | Water: brown, flow: slow, pipe: noise |

**7 words to know** CD1 Piste 33

Hold on!, Hang on!, to switch to, to complain about, to phone, to answer the phone, proud of

# Extra Training

## 1. Remettez ces phrases dans l'ordre.

**a.** ? / do / always / why / drive / people / fast

..................................................

**b.** . / customers / lots of / a / find / in / DIY / store / tools

..................................................

**c.** . / my / know / how / to / I / computer / repair / don't

..................................................

**d.** . / they / their / boss / competent / say / is

..................................................

**e.** ? / does / do / your / in / what / he / house

..................................................

## 2. Retrouvez la préposition qui convient : *to, on, of.*

**a.** Please hang .................. I switch you .................. Mr. Smith.

**b.** He never works .................. Sundays.

**c.** The phone is out .................. order.

**d.** The causes .................. accidents are speed and alcohol.

**e.** I want .................. fix a tap.

## 3. CD1 Piste 34

**Sur quelle syllabe ces mots sont-ils accentués ? Entourez-la.**

**a.** traffic

**b.** mechanic

**c.** historical

**d.** fantastic

**e.** idiotic

## 4. Retrouvez l'équivalent anglais de ces mots français.

**a.** vous-même : ..................................................

**b.** vérifier : ..................................................

**c.** aider : ..................................................

**d.** un magasin : ..................................................

**e.** parfois : ..................................................

**f.** répondre au téléphone : ..................................................

**g.** une ceinture de sécurité : ..................................................

**h.** la vitesse : ..................................................

## 5. Traduisez.

**a.** Je me lève souvent à 7h. ..........

**b.** Le dimanche, je me réveille toujours tard. ..........

**c.** Pourquoi travailles-tu pour cette entreprise ? ..........

**d.** Je ne comprends pas leur logo. ..........

**e.** Bonjour. Tom à l'appareil. Puis-je vous aider ? ..........

## 6. Cochez la bonne proposition.

**a.** This is an ad (= *une publicité*) for

❑ a restaurant. ❑ a furniture store. ❑ a DIY shop.

**b.** The table and chairs are made of:

❑ wood. ❑ steel. ❑ plastic.

**c.** The decoration of the house is:

❑ traditional. ❑ contemporary. ❑ ancient.

**d.** The main (= *principales*) colours are:

❑ white and brown. ❑ purple and grey. ❑ black and pink.

**e.** The name of the store is: ❑ Smart. ❑ Strata. ❑ Harveys.

**f.** On the photo there is: ❑ a lamp. ❑ a cupboard.
❑ wallpaper. ❑ a curtain. ❑ a sink.

**g.** This photo represents: ❑ a dining-room. ❑ a kitchen. ❑ a bedroom.

**h.** The plates on the table are:

❑ full of food. ❑ decorated. ❑ round.

**i.** The table is set for: ❑ eight ❑ nine ❑ ten people.

**j.** Smart is a synonym for: ❑ elegant. ❑ stupid. ❑ cold.

# Evaluation

## COMPRÉHENSION ÉCRITE

**1. Associez chaque mot à sa définition.**

- **a.** DIY store
- **b.** Furniture
- **c.** Repair
- **d.** Sometimes
- **e.** Breakdown

- **1.** Not always.
- **2.** That's when a car stops because of a technical problem.
- **3.** A place where they sell tools and equipment
- **4.** What you do when an object is old or broken.
- **5.** Tables or chairs, for example

## EXPRESSION ÉCRITE

**2. Rédigez les questions pour obtenir les réponses données.**

**a.** .................................................... ? She likes <u>decoration</u>.

**b.** .................................................... ? They live <u>in Auckland</u>.

**c.** .................................................... ? He <u>does</u> the plumbing.

**d.** .................................................... ? They work <u>on Mondays</u>.

**e.** .................... ? <u>Yes, he does</u>: he always drives slowly.

**3. Entourez la bonne réponse.**

**a.** Vous voulez savoir ce qu'une entreprise fait. Vous demandez :
1. What does the company do?
2. What do the companies do?

**b.** Vous voulez dire que votre ordinateur ne fonctionne pas. Vous dites :
1. My computer doesn't walk.
2. My computer doesn't work.

**c.** Vous voulez dire que les conducteurs ne respectent jamais les limites de vitesse. Vous dites :
1. Drivers never respect the speed limit.
2. Drivers always respect the speed limit.

**d.** Vous voulez dire que vous prenez la voiture de votre sœur. Vous dites :
1. I take her car.
2. I take his car.

**e.** Vous voulez dire que vous souhaitez améliorer le système. Vous dites :
1. I want to improve the system.
2. I want to update the system.

**4. Placez le bon adverbe (*sometimes, never, always, often*) à la bonne place.**

**a.** Big companies .................... have .................... lots of employees.

**b.** We .................... see .................... cyclists on motorways.

**c.** Speed .................... is .................... the cause of crashes on motorways.

**d.** You .................... run .................... a risk when you drive too fast.

**e.** You .................... see .................... kids in DIY stores but it's not frequent.

## COMPRÉHENSION ORALE

CD 1 Piste 35

**5. Écoutez chaque phrase et retrouvez les deux mots manquants.**

**a.** He always .................... .................... his car.

**b.** Please, .................... .................... a minute: the boss is not in his office.

**c.** The director is .................... .................... his company.

**d.** The job .................... .................... repairing machines.

**e.** Hello! John speaking. Can I .................... ....................?

## Volunteers restore Hinemihi

CD 1 Piste 36

When visitors come to Clandon Park in Surrey on Sundays, they see a group of young people who restore a small painted wooden building: twenty-five UCL[1] volunteers who preserve Hinemihi, the only Maori meeting house in the UK (one of only four Maori meeting houses outside New Zealand!). These volunteers are students: they spend all their Sundays there! They clean carvings[2] and repair the roof and the floor.

For the Maori community, Hinemihi is the embodiment[3] of an honoured ancestor. So the students respect the community's beliefs[4]: when they approach the meeting house for the first time each day, they do it from the front rather than[5] the side and they don't eat, drink or smoke then. In turn[6], members of Ngati Ranana (London Maori Group) learn techniques for cleaning delicate painted surfaces. So Maori and British craftsmen[7] work on repairs together.

1. UCL (University College London) = *la plus grande université de Londres* – 2. a carving = *une gravure* – 3. embodiment = *incarnation* – 4. a belief = *une croyance* – 5. rather than = *plutôt que* – 6. in turn = *à leur tour* – 7. craftsmen = *artisans*

The Hinimihi house.

**1. Les noms propres dans l'article : choisissez la (les) bonne(s) réponse(s).**

**a.** Hinemihi is: ❑ a town in New Zealand. ❑ a university in London. ❑ a small wooden house.

**b.** The UK is: ❑ the United Kingdom. ❑ the University of Kent. ❑ the Union of Kids.

**c.** Clandon Park is a place people visit in: ❑ Great Britain. ❑ Surrey. ❑ New Zealand.

**d.** Hinemihi is located in: ❑ Clandon Park. ❑ New Zealand. ❑ the UK.

**e.** The Māori are: ❑ the indigenous Polynesian people of New Zealand. ❑ a group of English students.

**2. Répondez, oralement, aux questions suivantes.**

**a.** What do the students do in Hinemihi?
**b.** Are the students obliged to work there?
**c.** Why is Hinemihi exceptional? (2 reasons)
**d.** What shows the students love repairing the building?
**e.** What do the students and the Maori share *(= partager)*?

### React!!

**About the text.**

**1.** Why do the students respect the Maoris' beliefs?
**2.** Do you think it's a good idea to transport a traditional house from New Zealand to England?

**Go further. 3.** Is it important to spend money and time on restoring very old buildings?

### 7 words to know

CD 1 Piste 37

a craftsman
a belief
to believe
a volunteer
to spend time
together
a community

English Attack!
www.english-attack.com

# Web Activity

**Let's see what people do when they repair things themselves. Watch a video entitled "DIY Home Improvement Mistakes".**

### Before watching the video

**1. Find one mistake people make when their repair things at home.**

**2. Then check if your idea is in the video.**

### After watching the video

**3. Are the ideas in the video useful?**

**4. Which is the best idea in the video?**

## PORTFOLIO

| **Lire** | 🙂 | 😐 | 🙁 |
|---|---|---|---|
| Je peux comprendre des informations sur les réparations d'une maison. | | | |
| Je peux comprendre la description d'un travail régulier. | | | |
| **Écouter** | 🙂 | 😐 | 🙁 |
| Je peux comprendre une personne qui décrit son travail oralement. | | | |
| Je peux comprendre une personne qui a besoin de réparer quelque chose. | | | |
| **Écrire** | 🙂 | 😐 | 🙁 |
| Je peux écrire une suite de phrases sur les aspects quotidiens d'un travail. | | | |
| Je peux décrire une panne de façon simple. | | | |
| **Parler** | 🙂 | 😐 | 🙁 |
| Je peux guider quelqu'un vers une personne qui peut l'aider. | | | |
| Je peux décrire mes activités régulières et celles des autres. | | | |
| Je peux répondre à des questions et en poser sur les habitudes et les activités journalières. | | | |

# UNIT 5

# Arts and Shows

High School Musical 3: Senior Year.

## SOMMAIRE

**TASK 1** : Décrire des images pour un reportage

**TASK 2** : Justifier le choix une photographie en donnant son opinion

**TASK 3** : ***Be a graphic assistant***

**Outils linguistiques :**
- Le présent *BE* + V-*ing*
- *Some, any, no* et leurs composés
- Le gérondif

**Outils lexicaux :**
- Les verbes d'action
- La publicité
- La photographie
- Les animaux sauvages

**Replacez les mots dans le texte.**
***audition – members – prepare – show – solos – young***

In the series of films *High School Musical*

.................... people are ....................

of a Drama Club. They .................... to get

a role in a .................... . They .................... talent

shows and perform on stage ....................

.

# Start the day

## At the cinema this week: *Madagascar 3*

**Replace the words in the article:** acrobats – audience – circus – performers – show – tent.

Alex, Marty, Gloria and Melman are still trying to get home. Their journey takes them through Europe this time. They are now ........................................ in a traveling, .................... working with other .................. ................................ (clowns, trapeze artists...), ................ making the ................under the red and blue...................................., and of course the ........................................ is applauding!

# Grammar

### Le présent *BE* + V-*ing*

• Pour parler d'une action qui se déroule au moment où l'on parle, on utilise ***BE*** suivi d'un verbe auquel on ajoute ***-ing***. C'est ***BE*** qui est conjugué.

Ex. : *I **am** phon**ing**. He **is** eat**ing**.*

• **À la forme négative,** c'est *BE* qui prend la négation.

Ex. : *I **am** not phon**ing**. He **isn't** eat**ing**.*

• **À la forme interrogative,** l'ordre *(Wh...)* + Auxiliaire + Sujet + Verbe est respecté.

Ex. *What **are** you do**ing**?*

▪ **Entourez les mots qui indiquent que l'action est en train de se passer. Dans ces phrases, mettez le verbe au présent *BE* + V-*ing*. Dans les autres phrases, utilisez le présent simple.**

**a.** Listen! The clown .............................. . (speak)

**b.** Acrobats .............................. every day. (practise)

**c.** The magician .............................. right now. (not perform)

**d.** He .............................. rabbits appear. (always make)

**e.** Look! A trapeze artist .............................. . (fall)

# In focus

## A circus is a serious business

CD1 Piste 38

Just minutes after the end of the first performance of the day, there's lots of activity around the circus tent as the audience streams out[1] of the Big Top. Performers are resting behind the tent near the artists' entrance. Crew members are already resetting props[2] and equipment for the next show while the clean-up team is raking up[3] popcorn boxes and other trash[4] left behind[5].

But Barbara Miller-Byrd the matriarch of the Carson & Barnes Circus family is sitting at the dining table in her private trailer[6]: she is making notes. She is already preparing the next show. Every show is different: the cast of performers changes, the animals act and react differently to the mood[7] of the tent. So Barbara wants to make sure the two-hour show is moving fast enough[8] to keep the attention of the hundreds of youngsters in the audience. It's not an easy task.

Adapted from the Blog of the Carson & Barnes Circus.

1. to stream out = *se déverser* – 2. prop = *accessoire* – 3. to rake = *râteler* – 4. trash = *déchets* – 5. left behind = *qu'on a laissé trainer* – 6. trailer = *mobile-home* – 7. mood = *atmosphere* – 8. enough = *assez*

**1. Cochez la bonne proposition.**

**a.** The Big Top is: ❑ a building. ❑ the circus tent. ❑ a giant man.

**b.** Barbara Miller-Byrd is: ❑ a performer. ❑ a private detective. ❑ the boss of the circus.

**c.** The journalist is describing: ❑ a show. ❑ a moment between two shows. ❑ the beginning of a show.

**2. Répondez aux questions suivantes.**

**a.** Who is working around the circus tent?

..........................................................................................

**b.** Who is relaxing under the Big Top?

..........................................................................................

**c.** Who is working inside a trailer?

..........................................................................................

**d.** What is she doing exactly? Why?

..........................................................................................

**e.** What changes with every show?

..........................................................................................

**f.** Is making a good show easy or difficult? Why?

..........................................................................................

# Action!!

CECRL : Savoir décrire ce qui se passe

## Décrire des images pour un reportage

**You've got five pictures for your article.**
**a.** Reorder them to illustrate one day on the life of a circus company.
**b.** Explain your solution: describe what people are doing on the photos.

> **TIPS**
> **Useful words:**
> first / second / third / fourth / fifth
> the beginning / the end
> before / after

Picture A

Picture C

Picture D

Picture B

Picture E

**7 words to know** CD 1 Piste 39

to make notes, to make sure, to perform, a show, already, crew, behind

# Start the day

## Two new artworks in the Olympia museum

**Associez chaque mot et son opposé à l'une des deux images.**

**a.** portrait (picture ..........) / landscape (picture ..........)

**b.** light (picture ..........) / shadow (picture ..........)

**c.** frame (picture ..........) / no frame (picture ..........)

**d.** colour (picture ..........) / mono (picture ..........)

**e.** photo (picture ..........) / drawing (picture ..........)

**f.** somebody (picture ..........) / nobody (picture ..........)

**Picture A**

**Picture B**

# Grammar

### *Some, any, no* et leurs composés

Pour indiquer une quantité indéterminée (= du, de la, des, quelques...), on utilise ***some*** dans les phrases affirmatives, ***no*** dans les phrases négatives, ***any*** dans les questions ou dans les phrases contenant déjà une négation (*not*, *never*...).

- ***Any*** dans une phrase affirmative signifie « n'importe... ».
- ***Every*** indique chaque élément d'un tout.

Ces mots sont utilisés dans des mots composés.
Ex. : *There's **some**thing strange here. There's **no**thing special. Hi **every**body! Is there **any**body here?*

■ ***Some, any*** **ou *no*? Complétez.**

**a.** I can't think of .............................. good French photographer.

**b.** It's terrible: there's .............................. visitor!

**c.** Have he got .............................. original idea?

**d.** I've got .............................. good news for her!

**e.** Is there .............................. yellow in the painting?

## In focus

## New exhibition at the Gallery

CD1 Piste 40

**Listen to Steph Robertson.**

The photographer at the Gallery.

**1. La photo du magazine ne correspond pas à ce qui est dit dans l'interview. Pourquoi ?**

........................................

........................................

........................................

**2. Complétez l'opinion de Jennifer sur ses photos.**

"I think there's always ................ interesting in a ................ . The ................ stand out and the mood too. There is ................ to distract your ................ . But not ................ agrees with that... you know... it's my ................ ."

**3. Why is working as a photographer sometimes difficult?**

........................................

........................................

........................................

........................................

........................................

........................................

### Pronunciation

CD1 Piste 41

**Le son [ʌ] de « *cut* »**

**Écoutez les mots et écrivez-les sur la ligne qui correspond.**

Contient le son [ʌ] :

........................................

Ne contient pas le son [ʌ] :

........................................

## Pairwork

### Find the artist!

**a.** Here are 4 artists with a reputation. Choose one. (You can choose another artist or famous person.)

**b.** Describe his/her reputation to your partner.
Ex.: Everybody says / thinks / finds him / her... Nobody says he / she... There's something strange / dynamic / friendly / original... about him / her...

**c.** Your partner guesses who the artist is. He can ask questions.

**Michael Jackson (1958-2009)**

- "King of the pop"
- Global figure in popular culture
- Album *Thriller* excellent

**Walt Disney (1901-1966)**

- "Cartoons genius"
- Mickey Mouse's father

**Marilyn Monroe (1926-1962)**

- Actress, singer, modele
- Hollywood sex symbol
- Most popular film star of all times

**Elvis Presley (1935-1977)**

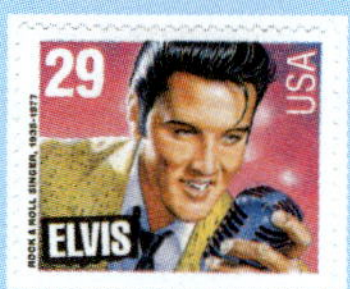


- "The King"
- Pop singer
- Most popular singer in the USA

# Action !!

Task 2

CECRL : Savoir exprimer son opinion

## Justifier le choix d'une photographie

**You work for the website of the city of Olympia (WA). Write an article about the photo that the town gallery has chosen for their new exhibition.**

**TIPS**

- Is there anything interesting / new / strange / attracting in the photo?
- What about the main character's *(= personnage)* attitude?
- What is she doing?
- In your opinion, what impression does the photographer want to give?
- What is your personal opinion?

**7 words to know** CD1 Piste 42

a photographer, to give an impression, a drawing, strange, a landscape, something, nobody

# Samy's word

**This month, I am staying in Olympia (Washington State). I'm working for an Advertising agency as a graphic artist assistant. They are preparing a famous event here: "The Procession of the Species Celebration".**

# Jobtrotter in... Olympia (WA)

**Objectif** **Savoir présenter des ateliers d'activités artistiques**

*People celebrating nature in community...*

Celebrating the natural world is important for our community and every year we celebrate Earth day.

We are preparing for the 20th annual **"Procession of the Species Celebration"**!

The Procession is three thousand people, walking through a crowd of another 30,000-plus people who are watching, laughing, dancing, and cheering while community musicians are playing handmade or conventional musical instruments.

Come and enjoy creating, imagining and sharing!
Join our volunteers in our Art Studio (Music, Art, Luminary or Image workshops).

**Olympia Art Studio**

## Speak up!

**Promote festivals!**
**Find three arguments and present them orally.**
Organizing festivals is ... important / useless / stupid / vital... because ...

## Grammar

**Le gérondif**

- On utilise le gérondif pour parler d'activités.

Ex. : ***Celebrating*** *Nature is important for them.*

- Les expressions et verbes de goût sont suivis d'un nom ou d'un gérondif (V+*ing*).

Ce sont, par exemple : *like, enjoy, love, be keen on, be crazy about, dislike, detest, hate...*

Ex. : *They* ***enjoy creating*** *objects.*

■ **Prenez un élément de chaque colonne et rédigez des phrases complètes.**

| | | | |
|---|---|---|---|
| Musicians | love | be | a disguise. |
| Children | hate | share | in a crowd. |
| People in Olympia | enjoy | play | their love for nature. |
| Some people | | wear | good instruments. |

..................................................

..................................................

..................................................

..................................................

## Task 3

**1. Complétez avec les informations du flyer.**

**a.** flyer made by: ......................................................

**b.** event Name: ......................................................

**c.** place of the event: ......................................................

**d.** goal of the event: ......................................................

**e.** goal of the flyer: ......................................................

**2. Retrouvez l'équivalent de ces mots-clés dans le texte du flyer.**

**a.** la Terre : ....................................

**b.** millier : ....................................

**c.** rire : ....................................

**d.** partager : ....................................

**e.** fait main : ....................................

## Action !! Be a graphic assistant

**You work for a small advertising agency in Olympia (WA). You are in charge to promote creative workshop of the town for "The Procession of The Species Celebration".**

**1.** Choose the activity you want to promote (Music, Art, Luminary or Image workshop).

**2.** Prepare arguments to promote the activity.
Ex.: Everybody loves doing... / some people enjoy creating...
Young people are keen on... / taking part in... is great because...
taking photos / making videos is important for the procession because...

**3.** Say if the photo you have here is a good one. If not, describe the type of photo you need: explain why.
Ex.: I need a photo in black and white / a colour photo because...
Here are the photos you have at the agency...

**TIPS**
**Useful words:**
a disguise = *un déguisement*
a kite = *un cerf-volant*
drums = *des percussions*

**7 words to know** CD 1 Piste 43

an event, to cheer, to share, a crowd, to enjoy, to be keen on, to join

# Entraînement au CCF

## Situation A — COMPRÉHENSION ÉCRITE — EXPRESSION ÉCRITE

### *A circus musician*

Bufano, an ex-clown, is now keyboardist for the Barnum & Bailey Circus. "We regularly play for 10,000-20,000 people," he says. "That's what I do day to day about 10 times a week."

But Bufano is also the accordionist of the new band Cirkestra (circus orchestra). The group plays for small audiences. They play classic circus music of course but they also play melodies influenced by jazz and traditional gypsy music. Bufano isn't interested in the futurist music that accompanies some modern circus performances. "Cirkestra's music is melody, it's ancient," he says. "And we don't really like electronics. If you go to hear Cirque du Soleil, you hear music that is pop and electronic. It's my mission to keep classic circus music alive. And I love playing the accordion," Bufano adds. "It's my grandfather's instrument and it's a tradition in my family."

Extract from an article in *The Morning Call* (American newspaper)

**Répondez oralement en anglais aux 10 questions suivantes. (10 x 2 points)**

1. What's Bufano's initial job?
2. Where does Bufano play now? (2 answers)
3. How many people does Bufano play for in his circus?
4. Is the audience big too when he plays with his band?
5. What instruments does Bufano play?
6. What sort of music does Bufano's group play? (3 types)
7. What sort of music doesn't Bufano like?
8. What doesn't Bufano like at Cirque du Soleil? Why?
9. Why does he prefer his traditional music?
10. Why does he particularly like his accordion?

## Situation B — COMPRÉHENSION ORALE

### Summer camps near Washington

CD 1 Piste 44

**Cochez la case qui convient, vous pouvez écouter l'enregistrement 3 fois. (10 x 2 points)**

1. Le journaliste interviewe Dorothy Clarke qui ... ❑ part en vacances. ❑ organise des vacances. ❑ écrit des chansons.
2. Il y a des *Summer camps* ... ❑ tous les jours. ❑ tous les mois. ❑ tous les ans.
3. Les jeunes qui participent ... ❑ en sont contents. ❑ n'en sont pas contents.
4. Les jeunes qui font les activités artistiques ... ❑ peignent. ❑ chantent. ❑ dansent. ❑ créent des déguisements. ❑ font des masques. *(Plusieurs cases à cocher.)*
5. Les jeunes qui font les activités bricolage réparent ... ❑ des vélos. ❑ des ordinateurs. ❑ des voitures. *(Plusieurs cases à cocher.)*
6. Ils apprennent aussi... ❑ la plomberie. ❑ l'électricité. ❑ le jardinage.
7. À la fin du *Summer camp* il y a ... ❑ un spectacle. ❑ un examen. ❑ un dîner.
8. Pour les décors les jeunes... ❑ peignent les meubles. ❑ décorent les murs. ❑ préparent des affiches. *(Plusieurs cases à cocher.)*
9. Le prochain *Summer camp* a lieu en ... ❑ juin. ❑ juillet. ❑ août.
10. Dorothy Clarke est ... ❑ déjà prête. ❑ est en train de le préparer. ❑ ne le prépare jamais.

## Young people and advertising

CD1 Piste 45

### Some young people's opinion on advertising

1. Advertising[1] helps discover new products.
2. It increases[2] sales, which leads to[3] higher production and possibly more jobs.
3. Advertising tempts people to buy what they do not need so they spend[4] a lot of money.
4. Advertising encourages competition so the prices of products go down and their quality improves.
5. Advertising helps TV and newspapers.
6. Employment is created in the advertising industry.
7. Advertising encourages people to buy harmful[5] products.
8. Advertising is sometimes well hidden[6] ("in-game advertisement" for example).

1. advertising = *la publicité*
2. to increase = *augmenter*
3. to lead to = *mener à –*
4. to spend = *dépenser*
5. harmful = *dangereux, nocif*
6. hidden = *caché*

**1. Répondez aux questions suivantes.**

**a.** Which sentence is "for advertising" and which sentence is against?

For advertising: ……………………………………

Against: ……………………………………

**b.** What are the economic consequences of advertising?

……………………………………

**c.** Why is advertising sometimes dangerous?

……………………………………

**2. Retrouvez dans l'article le contraire des mots suivants :**

**a.** old : ……………………

**b.** to sell : ……………………

**c.** lower : ……………………

**d.** to keep : ……………………

**e.** to discourage : ……………………

**f.** to increase : ……………………

**g.** destroyed : ……………………

**h.** good : ……………………

## React!!

**About the text.**

**1.** Are there other positive aspects of advertising (fun, creative…)?

**2.** Can you give examples of negative aspects (children, in the Tube, on TV, fast food marketing and obesity, overconsumption, lies *(= mensonges)*, promoting expensive things…)?

**Go further. 3.** What is a good ad? Give examples on TV, in posters…

### 7 words to know

to advertise CD1 Piste 46
an advertisement
against
high
low
to increase
hidden

# Web Activity

ENGLISH Attack!
www.english-attack.com

**Now revise words related to arts and shows: do the activities in the Photo Vocab "At The Circus".**

**Before going to the website**

**Can you name three circus artists you're sure to find in the Photo Vocab?**

..........................................................................

..........................................................................

..........................................................................

## PORTFOLIO

| **Lire** | ☺ | 😐 | ☹ |
|---|---|---|---|
| Je peux comprendre un texte court qui décrit ce qui se passe. | | | |
| Je peux comprendre l'annonce d'un événement sur une brochure. | | | |
| **Écouter** | ☺ | 😐 | ☹ |
| Je peux comprendre une personne qui décrit une œuvre d'art. | | | |
| Je peux comprendre une personne qui me décrit une autre personne. | | | |
| **Écrire** | ☺ | 😐 | ☹ |
| Je peux décrire un tableau. | | | |
| Je peux écrire un court reportage. | | | |
| Je peux utiliser « *because* » et « *but* ». | | | |
| **Parler** | ☺ | 😐 | ☹ |
| Je peux décrire et expliquer mes goûts. | | | |
| Je peux décrire une image de façon précise. | | | |
| Je peux décrire ce qui se passe autour de moi. | | | |
| Je peux expliquer mes choix. | | | |

# UNIT 6

# Buildings

Toronto, the city centre.

## SOMMAIRE

**TASK 1** : Expliquer ce qu'on peut faire dans une maison innovante.

**TASK 2** : Parler d'autorisations

**TASK 3** : ***Be a real estate agent***

**Outils linguistiques :**
- *Can* : la possibilité
- *May* : la permission
- *Too / enough*

**Outils lexicaux :**
- Les parties d'un bâtiment
- Les métiers du bâtiment

**1. Les mots suivants sont-ils des matériaux (M) ou des adjectifs (A) ?**

brick (.........) – glass (.........) – high (.........) – metal (.........) – modern (.........) – steel (.........) – traditional (.........) – stone (.........)

**2. Utilisez maintenant les mots et les adjectifs pour décrire l'image.**

# Start the day

## Sustainable house near Toronto

**Replacez les éléments de construction suivants sur l'image :**
basement - garage - solar panels on the roof - attic - pergola - fence.

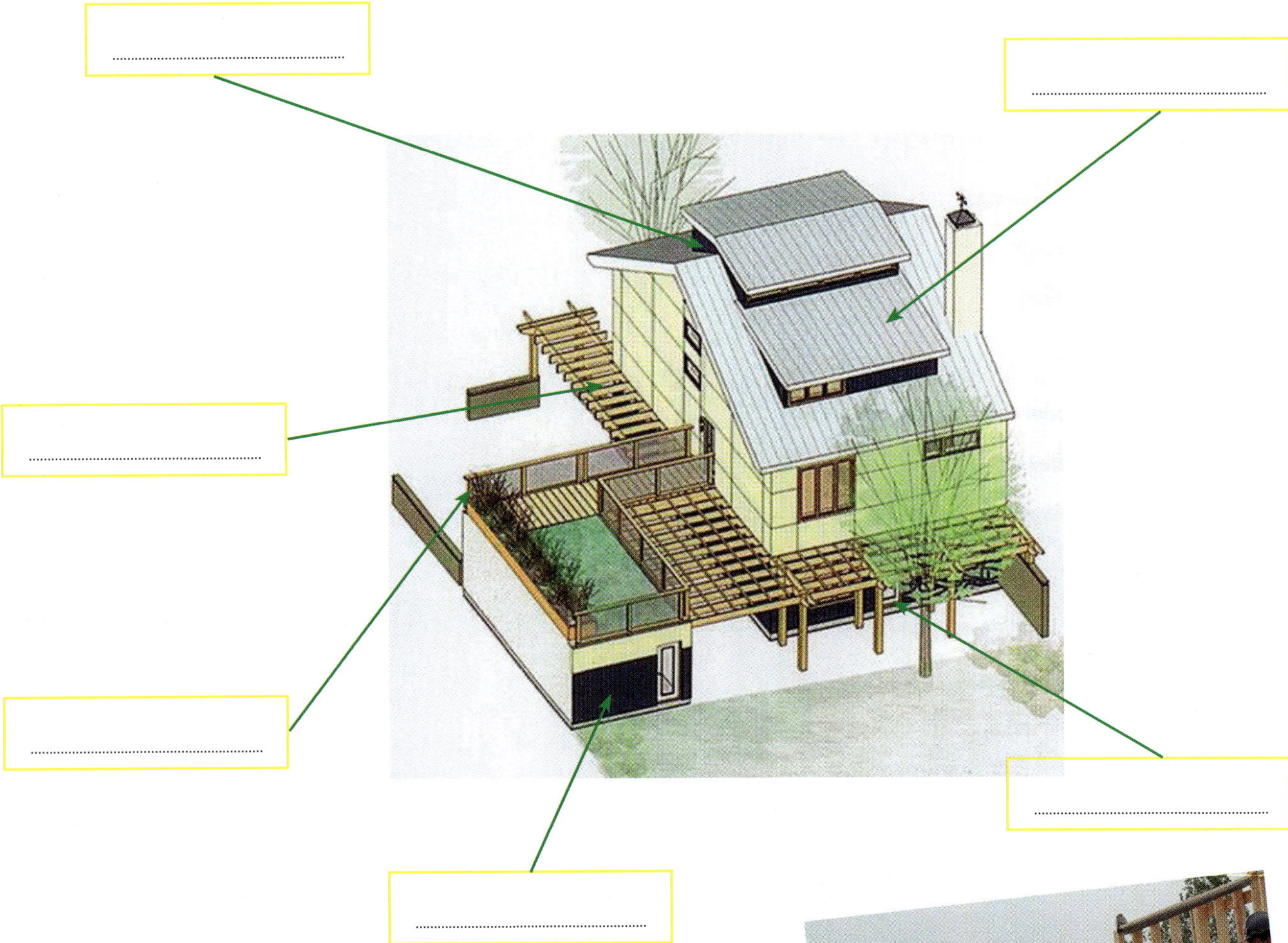

# Grammar

### *Can* : la possibilité

L'auxiliaire ***can*** correspond au verbe « pouvoir » en français.
Il est directement suivi de la base verbale (jamais de *to*).
Comme tous les auxiliaires :
- on lui attache la négation. Ex. : *You **can't have** a sustainable house for free.*
- il permet de faire une question : *(Wh...)* Auxiliaire + Sujet + V. Ex. : ***Can I make** changes?*

**Dites ce que ces personnes peuvent ou ne peuvent pas faire.**

| | | |
|---|---|---|
| the architect<br>the construction foreman (= *chef de chantier*)<br>the crane operator (= *grutier*)<br>the workers | can<br><br>can't | draw plans, use a computer, survey the construction, have an accident, give orders, fall from the roof, organize the teams' work, move blocks of stone, have lunch on a bench (= *un banc*), change the plans, build up a wall |

Task 1

UNIT 6

# In focus

## The winner of the "Sustainable House Design Competition"

CD 1 Piste 47

- It's a four bedroom home with a garage you can adapt over time.
- The design is flexible: you can decide to change the block modules of the building.
- You can be certain the material is 90% certified wood.
- You can save water easily (zero runoff, cistern etc) and keep it hot (Solar Assisted Boiler).
- You can live comfortably (High Efficiency Heating and Cooling, Radiant Floor Heating, Photovoltaics 4 kw integrated roof mount).
- Attic and basement are renovation ready.
- You can't have a sustainable house for free, but you can save a lot of money!

**Contact us**

**Kortright Centre**
**9550 Pine Valley Drive**
**Woodbridge**

**Ontario L4L 1A6**

Toronto and Region Conservation for *The Living City*

### Aide lexicale

sustainable = *écologique*
over time = *au fil du temps*
to save = *économiser*

**1. Cochez ce qui est mentionné dans l'article et indiquez le passage qui le dit.**

- ❑ **a.** You can use rain water in the house. ..........
- ❑ **b.** The heating system is in the floor. ..........
- ❑ **c.** They build sustainable houses with bricks and stones. ..........
- ❑ **d.** You can use the electricity you produce with the solar panels in the roof. ..........
- ❑ **e.** Only two people can live in this house. ..........
- ❑ **f.** You can suggest changes in the house before they build it. ..........
- ❑ **g.** You can make changes in the house after they build it. ..........

**2. Grâce au contexte, entourez la bonne traduction pour chaque mot.**

**a.** runoff: *déperdition d'eau – course à pied – évacuation*

**b.** boiler: *bouilloire – ballon d'eau chaude – bouillotte électrique*

**c.** efficiency: *effet – efficacité – effervescence*

**d.** heating: *refroidissement – repas – chauffage*

**e.** collection: *collection – récupération – épuration*

### Pairwork

**Game: True or False?**
**Describe what you can do at home (cleaning, repairing, cooking, decorating...).**
**Your partner says if it's true or not.**
**He / she wins a point if he's right.**
**Change roles after 3 points.**

Ex. : ***You:*** *I can cook chicken with sauce.*
***Your partner:*** *False ! I'm sure you can't. You can only cook eggs!*

# Action!

CECRL : Savoir exprimer la possibilité

## Expliquer ce qu'on peut faire dans une maison innovante

**Role play. Give advice to somebody looking for an original house.**

Your friend wants to spend holidays in an original house.
He/She shows you the three projects below. He/She asks you questions.
Tell him/her what he/she can do or can't do, find the advantages and bad points in each house.

Ex. : Your partner: This house is interesting. Do you think I can live there with my four best friends for the holidays?
You: I think you can't but you can...

A floating house.

A sustainable house, in UK, design by Hirkland Fraser Moore, a famous architect.

Tree house in Thailand.

**7 words to know** CD1 Piste 48

can, sustainable, solar panels, roof, heating system, to use, to adapt to

# Start the day

## Safety equipment for girls!

Task 2

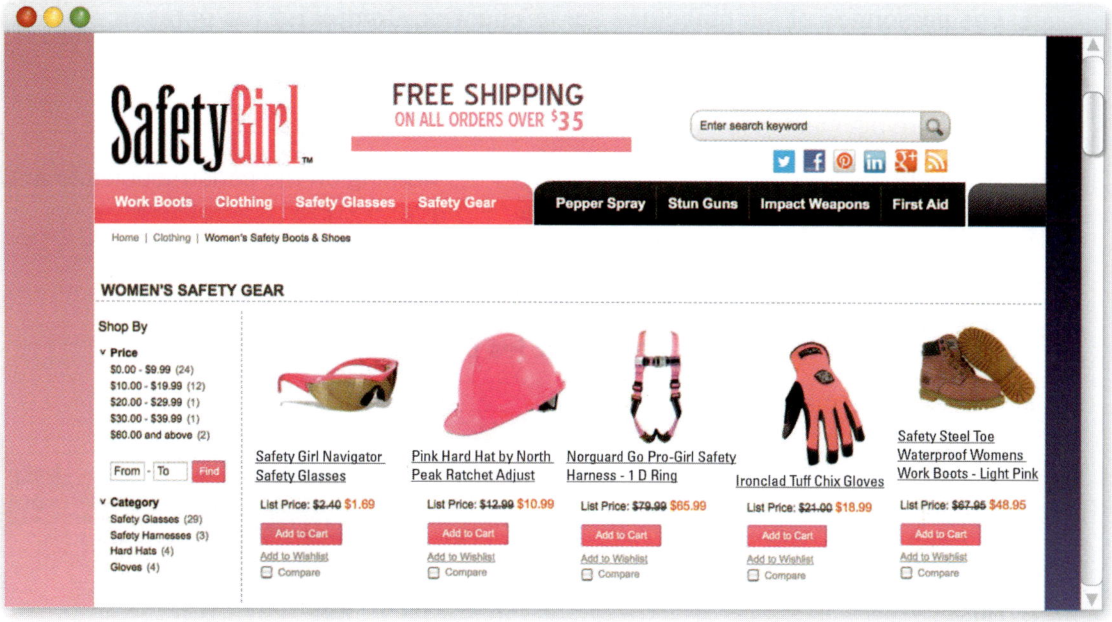


**Complétez les définitions avec les mots qui figurent sur la page Web. Puis retrouvez la fin de phrase.**

- **a.** You wear .................... to protect your hands...
- **b.** You wear .................... to protect your head...
- **c.** You wear .................... to protect your eyes...
- **d.** You wear .................... to prevent falling...
- **e.** You wear .................... to protect your feet...

- **1.** from flying particles.
- **2.** when touching toxic chemicals.
- **3.** from a high place.
- **4.** in case something falls down from above.
- **5.** when you carry something heavy (stones, etc.).

# Grammar

## *May* : la permission

L'auxiliaire ***may*** exprime la permission polie ou officielle.

Comme tous les auxiliaires :

– on lui attache la négation ;

Ex. : *You **may not** work without a hard hat on.*

– il permet de faire une question :

(Wh...) + Auxiliaire + Sujet + V.

Ex. : ***May I go** and have a look, please?*

**Que peuvent dire les personnes suivantes ?**

**a.** Un employé qui veut partir tôt à son supérieur hiérarchique. (question)

..................................................................................

**b.** Un élève au directeur, devant son bureau. (question)

..................................................................................

**c.** Un policier à un conducteur se garant à un endroit interdit.

..................................................................................

**d.** Un chef qui donne à sa secrétaire l'autorisation de sortir.

..................................................................................

## In focus

### On the construction site

CD 1 Piste 49

**Listen to Janine Black, a radio reporter, is interviewing Jim Branson for News Talk, one of the radio stations in Toronto.**

**Aide lexicale**
scaffolding = *des échafaudages*
a truck = *un camion*

**1. Les personnes et les machines sur le chantier. Complétez les phrases.**

**a.** Jim Branson is a .................................................... .

**b.** There are big machines: .................................................... .

**c.** There are .................................... working on the construction site at the moment.

**d.** In Jim's crew there are .......................... and one .......................... .

**e.** Janine Black wants to .................................................... .

**2. Les règles sur le chantier. Complétez les phrases.**

**a.** Jim's workers may not work without ..........................
.................................................... .

**b.** Visitors ..........................
around the site.

**c.** Only ..........................
may come here.

**d.** Janine Black ..........................only if she
wears .................................................... .

Building a house near Toronto.

## Pairwork

**Permission or not?**

**a.** Here is a list of actions: wear trousers, shout, watch people, walk around, run, sleep, wear shorts, wear sunglasses, eat with your fingers, take of your shoes, stand up and walk out.

**b.** Prepare a list of five places. Your partner does the same.

**c.** Ask your partner questions. He/She answers with short answers. Change roles after two questions.
Ex.: May I wear a hat in a restaurant? No, you may not.

## Pronunciation

CD 1 Piste 50

**Les sons [ei] et [e]**

**1. Écoutez les mots et dites s'ils contiennent le son [ei] de « *may* » ou le son [e] de « *yes* » ?**

**2. Écrivez-les dans la case qui convient puis répétez-les.**

| | 1 | 2 | 3 | 4 | 5 | 6 |
|---|---|---|---|---|---|---|
| son [ei] de « *may* » | | | | | | |
| son [e] de « *yes* » | | | | | | |

# Action !!

CECRL : Savoir exprimer la permission

## Parler d'autorisations sur un chantier

**There's a panel with symbols on the construction site. Explain what workers may not do without taking risks.**
Ex. : Workers may not work without wearing a hard hat...

**TIPS**

**Useful words:**
without + nom / + V-ing = *sans...*
ladder = *échelle*
to drop = *laisser tomber*
earmuffs = *protège-oreilles*

**7 words to know** CD1 Piste 51

may, to protect, a foreman, to wear, without, safety, a truck

# Samy's word

**I'm in Canada for a month. I have found a student's job as an assistant at a real estate agency in Toronto. If you want to be a real estate agent, it's important to know what buyers want from us. Here's some information.**

# Jobtrotter in... Toronto

**Objectif** Savoir argumenter

### TIPS TO BUYERS / TENANTS

- Take a walk through the neighbourhood and talk to people too (Quiet enough? Problems?...)
- Check you may make additions or other improvements to the house / apartment / garden.
- Check you can trust the real estate agent (website, number of sales, sells quickly, knows the area well, offer tips or services?).
- Does the real estate agent charge a percentage of the sale price?
- Check the price and make sure you can buy or rent the house (Too expensive? Quiet enough?).
- The seller may not legally refuse to answer your questions. If he does, ask your real estate agent for help.
- You may not buy a house without insurance.

### TIPS TO BECOME A REAL ESTATE AGENT IN ONTARIO

- Obtain a **Canadian High School Diploma** or equivalent, be at least 18 years old, and speak English.
- Complete the **Initial License** (eighteen months) then complete a two-year period with a licensed broker.

### Aide lexicale

a tenant = *un locataire*
improvement = *amélioration*
to trust = *faire confiance à*
to rent= *louer*
at least = *au moins*

# Grammar

## *Too / enough*

- ***Too*** indique l'excès (= trop) lorsqu'il est devant un adjectif ou une quantité (*too much, too many*...).
  Ex. : *Is the flat **too expensive**?* (= trop cher)
  *Talk to people **too**.* (Parlez aussi aux gens.)
  Placé après un mot ou une phrase, ***too*** signifie « *aussi* ».
- ***Enough*** (= assez) se place devant un nom ou après un adjectif ou un adverbe.
  Ex. : *Is the area quiet **enough**?*
  *Have you got **enough** money?*

■ **Cochez l'endroit où vous placez *enough*.**

**a.** I'm afraid I am not ❑ rich ❑.

**b.** He has never got ❑ time ❑ to talk to people.

**c.** I think the price isn't ❑ low ❑.

**d.** This flat is not ❑ big ❑ for us.

## Task 3



**1. Vrai ou faux ?**

**a.** Buyers may ask neighbours about the area.

❑ Right ❑ Wrong

**b.** Buyers may always make additions to buildings.

❑ Right ❑ Wrong

**c.** Real estate agents may charge a percentage.

❑ Right ❑ Wrong

**d.** Buyers can refuse insurance.

❑ Right ❑ Wrong

**e.** Sellers can refuse to answer questions.

❑ Right ❑ Wrong

**f.** Real estate agents need a diploma.

❑ Right ❑ Wrong

**g.** You may be a real estate agent at the age of 17.

❑ Right ❑ Wrong

**2. Retrouvez dans l'article les mots anglais correspondants à ces mots français.**

**a.** voisinage : ..............................

**b.** ajouts : ..............................

**c.** allez vous promener : ..............................

**d.** le prix de vente : ..............................

**e.** pourcentage : ..............................

### Speak up!

**Which apartment for these buyers? Give your opinion and explain your choice.**

The buyers (the Browns): couple + 2 children (2 and 7) – a dog – father's job: factory worker – mother's job: housewife.

Ex.: I think flat X is the right flat for the Browns because it's... enough, it's not too... They may... They can...They can't buy flat X because it's too...

**FOR RENT**

Ground floor; small garden; 2 bedrooms; quiet area; school > 500m; $800.00/month

★★★

**FOR RENT**

Downtown unfurnished studio. Heating, air conditioning and hydro (= electricity in Canada) are included.
Rent is $570 per month. Parking is not available.

★★

**FOR SALE**

**Apartment on the Waterfront!**
A two floor suite with two bedrooms and two baths. There is plenty of room to extend the welcome to family and friends.
$369,900.00

★★★

### Action!! Be a real estate agent

**Try and convince buyers that you are THE real estate agent they need.**
**You can work in teams of two. Speak for two minutes.**

Use arguments you can find...

– in the "Tips given to agents" (p. 74): list your diplomas, say if you've got experience;

– in the "Tips given to buyers" (p. 74): say what you can do to help them, advise them on what they can do, tell them about tour commissions, about what you can do for free... Don't forget to explain what they may not do. Say what you can do to help in difficult situations.

### 7 words to know — CD 1 Piste 52

a real estate agent, the neighbourhood, to trust, a sale, to rent, enough, to charge

# Extra Training

## 1. Reliez chaque action à sa cause.

**a.** He may not go near this scaffolding. •
**b.** He can't carry this box inside. •
**c.** He may smoke outside, in the street. •
**d.** He can buy this apartment. •
**e.** He can't wear this hard hat. •

• **1.** He's got enough money.
• **2.** It's legal.
• **3.** The door isn't large enough.
• **4.** It's too small.
• **5.** It's too dangerous.

## 2. Posez la question sur les mots manquants.

**a.** They can't protect... ..........
**b.** A foreman can manage ... workers (10? 12?). ..........
**c.** Buyers can't always change plans because... ..........
**d.** We may park near... ..........
**e.** The buyers can come to sign on... (Tuesday? Friday?) ..........

## 3. Retrouvez dans la liste le verbe qui manque dans chaque phrase : *carry – charge – promote – trust – use – wear.*

**a.** They are supposed to .......... gloves at work.
**b.** A real estate agent can .......... you up to 6%.
**c.** I don't want to buy a house. I want to .......... one.
**d.** I don't think we can .......... him. My friend says he isn't honest.
**e.** You can .......... Google to find information.

## 4. Demandez des permissions en utilisant les éléments ci-dessous.

**a.** Use the telephone. *(très poli)* ..........
**b.** Add a bath here. *(courant)* ..........
**c.** Park my car there. *(très poli)* ..........
**d.** Change the plans. *(courant)* ..........

**5.** **Classez ces mots suivant qu'ils sont liés au thème de la construction, de la vente ou de la sécurité : *architect – buyer – crane – foreman – glasses – gloves – hard hat – harness – percentage – real estate agent – safety – sale – scaffolding – seller – truck.***

| | |
|---|---|
| **Construction** | ........................................ |
| **Vente** | ........................................ |
| **Sécurité** | ........................................ |

**6.** ***Can, can't*? Lequel entendez-vous ?** CD1 Piste 53

| | a | b | c | d | e | f |
|---|---|---|---|---|---|---|
| **can** | | | | | | |
| **can't** | | | | | | |

**7.** **Vrai ou faux ? Corrigez si la proposition est fausse.**

**a.** In winter there's snow in Toronto.

........................................

**b.** It's Christmas time. ........................................

**c.** People never go out if there's snow on the ground.

........................................

**d.** You can see modern buildings on the photo.

........................................

**e.** People can't walk because of the snow.

........................................

**f.** People can go shopping when there's snow.

........................................

**g.** There aren't any shops here.

........................................

The city of Toronto in winter.

# Evaluation

## COMPRÉHENSION ÉCRITE

**1. Associez les mots à leur définition.**

a. famous
b. sustainable
c. heating system
d. foreman
e. neighbourhood

1. The area and the people near your home
2. A man who gives orders to a team of workers
3. Activities or objects that protect your environment are...
4. Very well known and appreciated
5. It's the contrary of cooling equipment

**2. Complétez avec *may* ou *may not*.**

**a.** You .................... drive a car before the age of 16.

**b.** You .................... eat with your fingers at home, not at the restaurant.

**c.** You .................... take the bus without a ticket or a card.

**d.** We .................... visit China only if we've got a passport.

**e.** We .................... only build a house if the local authorities give us a permit.

**3. Complétez le mot souligné en plaçant *too, enough* ou *not enough* au bon endroit.**

**a.** This tower is .................... <u>high</u> ....................: I can't see the top of it.

**b.** I haven't got .................... <u>money</u> .................... I can't buy this bungalow.

**c.** There isn't .................... <u>space</u> .................... between the walls to build a garage.

**d.** This builder is not .................... <u>famous</u> ....................: their name is not in the local newspapers.

**e.** Don't go up there! It's .................... <u>dangerous</u> .................... .

## EXPRESSION ÉCRITE

**4. Entourez la bonne réponse.**

**a.** Vous voulez préciser qu'il est impossible de construire un garage ici. Vous dites :
1. We can build a house here.
2. We can't build a house here.

**b.** Vous voulez que votre patron vous donne la permission de sortir. Vous demandez :
1. Can I go out?
2. May I go out?

**c.** Vous voulez signaler que la salle de bains est trop petite. Vous dites :
1. The bathroom is big enough.
2. The bathroom is not big enough.

**d.** Vous voulez savoir si un appartement est à louer. Vous demandez :
1. Is the apartment for sale?
2. Is the apartment for rent?

**e.** Vous voulez prévenir qu'il n'est pas permis de travailler sans casque. Vous dites :
1. You may not work without a hard hat.
2. You may not work without a harness.

## COMPRÉHENSION ORALE

CD1 Piste 54

**5. Écoutez les phrases.**
**Y parle-t-on de permission *(may)* ou de possibilité *(can)*?**

| | a | b | c | d | e |
|---|---|---|---|---|---|
| **can** | | | | | |
| **may** | | | | | |

## EXPRESSION ORALE

**6. Parlez pendant une minute.**
What must students do in your school when there's a fire alarm?

## Murals and Street Art in Toronto

CD1 Piste 55

Street art is art, specifically visual art, developed for public spaces. It can be on a wall, road, trash-bin[1], streetlamp, etc. The term can include traditional graffiti artwork, murals, sculptures, sticker art, video projection, art intervention, flash mobbing and street installations.

The City of Toronto is developing a program that supports[2] and promotes Street Art and its indispensable role in adding beauty and character to neighbourhoods across Toronto.

Tourists can already see lots of examples of Street Art in Toronto. For instance, there's a large mural on the back wall of the "The Flatiron Building", a famous historic building in Toronto. It uses a *trompe-l'œil* effect and shows the reflection of the building across the street. Another famous artwork is the truck that bursts[3] through the wall of the CTV building.

1. a trash-bin = *une boîte à ordures* – 2. to support = *soutenir* – 3. to burst = *crever, éclater*

The CTV truck.

The Flatiron Building mural by Canadian artist Derek Besan.

**1. Retrouvez les trois idées clés du texte dans les propositions suivantes puis réordonnez-les en fonction de ce qui est dit.**

**a.** L'art urbain est promu par la ville, à Toronto.
**b.** L'art urbain est très apprécié au Canada.
**c.** Des œuvres d'art urbain sont déjà très célèbres.
**d.** L'art urbain est un art contemporain.
**e.** L'art urbain prend de nombreuses formes.

..................................................

..................................................

**2. Complétez les phrases.**

**a.** On buildings wall you can see ..................................................

.................................................. .

**b.** For the City of Toronto, Street Art has positive aspects :

.................................................. .

**c.** The common points between "The Flatiron Building" mural and the CTV truck are:

.................................................. .

### 7 words to know

CD1 Piste 56

- to promote
- famous
- for instance
- across
- artwork
- mural
- trash

### React!!

**About the text. 1.** Do you think Street art is art? **2.** Do you prefer art in streets or in museums (not interesting enough, too expensive, free...)

**Go further. 3.** What can artists do to improve life in big cities? (paintings, murals, music, installations...)

ENGLISH Attack!
www.english-attack.com

# Web Activity

**Now let's listen to an expert on buildings sites. Watch a video entitled "Safety In Construction".**

VIDEO BOOSTER

### Before watching the video

**1. What do you think? Circle the right propositions.**

Scaffolds *(= échafaudages)* are made of...

wood planks – glass – metal ladders –

gold pieces – plastic parts

### After watching the video

**2. Why are is the advice given very useful?**

## PORTFOLIO

| **Lire** | ☺ | 😐 | ☹ |
|---|---|---|---|
| Je peux comprendre un site de vente en ligne. | | | |
| Je peux comprendre un article de journal qui donne des conseils. | | | |
| **Écouter** | ☺ | 😐 | ☹ |
| Je peux comprendre une personne qui explique ce qui est permis. | | | |
| Je peux repérer une permission à l'oral. | | | |
| **Écrire** | ☺ | 😐 | ☹ |
| Je peux décrire des bâtiments. | | | |
| Je peux écrire des consignes de sécurité. | | | |
| **Parler** | ☺ | 😐 | ☹ |
| Je peux dire ce qu'on peut faire ou pas. | | | |
| Je peux utiliser les mots liés à la sécurité. | | | |

# UNIT 7

# At The Museum

Tyrannosaurus gets a cleaning.

## SOMMAIRE

**TASK 1** : Présenter un réglement

**TASK 2** : Organiser un concours

**TASK 3** : ***Be a museum security guard***

**Outils linguistiques** :
- *Must / mustn't*
- *Have / don't have*
- Le pluriel

**Outils lexicaux** :
- La sécurité
- Les musées
- Les règlements

**Right (R) or wrong (W) ? Entourez la bonne réponse.**

**a.** The photo shows the skeleton of a Tyrannosaurus. R / W

**b.** A Tyrannosaurus is a contemporary monster. R / W

**c.** Scientists can say the Tyrannosaurus is carnivorous by looking at its teeth. R / W

**d.** The four people are counting the animal's bones. R / W

**e.** The man on the left is a dentist. R / W

# Start the day On TV tonight

CD 1 Piste 57

## *Night at the Museum*

Larry Daley (Ben Stiller) is a loser and his ex-wife thinks he is a bad example to their son. Larry decides he must do something. He is recruited as a night security guard at the Museum of Natural History and he discovers that an ancient malediction causes the exhibits in the museum to come to life. A frightening situation, but Larry's not afraid...

**1. Trouvez dans le résumé du film les mots reliés aux thèmes suivants : les musées, la peur et l'étrange (deux mots ou expressions par thème).**

Museums: ..................................................

..................................................

Fear: ..................................................

..................................................

Strange things: ..................................................

..................................................

**2. Complétez la phrase suivante par l'un des auxiliaires présents dans l'article.**

Larry Daley thinks he .................... be a hero for his son.

## Grammar

### *Must, mustn't*

- ***Must*** sert à exprimer l'**obligation** (= je dois, il faut que je...) et ***mustn't*** à exprimer l'**interdiction**.
- L'auxiliaire ***must*** est suivi de la base verbale (sans *to*). Comme tous les auxiliaires, il prend la négation et permet de poser une question : *(Wh...)* + Auxiliaire + Sujet + Verbe).

Ex. : *You **mustn't** be late.*
*What **must** participants do?*

■ **Complétez les phrases avec *must* ou *mustn't*.**

**a.** Visitors .................... eat and drink near the exhibits.

**b.** A good security guard .................... protect objects and people.

**c.** Visitors .................... give food to animals in a zoo.

**d.** A serious fireman .................... run any risk with security.

## In focus

### AMNH Sleepovers: Spend A Night at the Museum

CD1 Piste 58

As the doors close and the lights dim, you and your group head out with flashlights: meet your ancestors in the Hall of Human Origins, stand beneath a fearsome T-Rex, encounter live animals bats, wolves, birds of prey. Then settle down beneath the 94-foot-long blue whale or at the base of a volcano and fall asleep in the darkened halls.

- You must bring: a sleeping bag, a flash-light, warm comfortable clothing for the night, a tooth-brush and change for vending machines.
- You mustn't be late: no one admitted after 8:00 pm.
- Don't touch the exhibits.
- Don't bring outside food or beverages into the Museum. Your breakfast, snack, and vending machine food must be consumed in the designated eating area.
- Group leaders must be at least 21-years-old.
- Cost: $145 per person
  Time: 8 pm-9 am

**Aide lexicale**

a sleepover = *une nuit passée à l'extérieur de chez soi*
to dim = *baisser (pour la lumière)*
a flashlight = *lampe de poche*
fearsome = *effrayant*
a whale = *une baleine*
outside: *en dehors de*

**1. "The sleepover experience." Vrai ou faux ?**

**a.** It's supposed to be scary. ❑ Right ❑ Wrong

**b.** It's free. ❑ Right ❑ Wrong

**c.** They must sleep inside a whale or a volcano. ❑ Right ❑ Wrong

**d.** There are lights everywhere in the museum at night. ❑ Right ❑ Wrong

**e.** Very young children can go alone to a sleepover in the museum. ❑ Right ❑ Wrong

**2. Que doivent apporter les participants ? Dans quel but ?**
Ex.: They must bring a sleeping bag to sleep inside the museum / not to sleep on the floor.

.......................................................................................................

.......................................................................................................

**3. Dans l'article, soulignez trois exemples d'interdiction.**

**4. Retrouvez l'équivalent anglais des mots suivants.**

**a.** sortir : ..............................

**b.** oiseaux de proie : ..............................

**c.** s'installer : ..............................

**d.** assombris : ..............................

**e.** un objet exposé : ..............................

**f.** boissons : ..............................

## Action!!

CECRL : Savoir convaincre

# Conseiller un itinéraire dans un musée

**You are at Mme Tussauds' museum in New York. Convince foreign visitors to see the most interesting rooms and present the rules in the museum.**

Explain:
- What they must go and see and why (original, frightening, fun, interesting...)
- If they must go and see the Scream experience and why (conditions, very frightening / scary...)
- What they mustn't do and why (eat, touch, write on, get lost, spend the night in the museum...)
- What they can do (pause, take photos...)

**TIPS**

**Useful words and phrases:**

a wax figure = *une figure de cire*
to scream = *hurler*
a maze = *un labyrinthe*
to represent = *représenter*
a character = *un personnage*

**7 words to know** CD 1 Piste 59

inside, outside, a museum, an exhibit, a security guard, fear, to frighten

## Start the day — An Instagram contest

**1. Retrouvez l'équivalent de ces mots-clés dans le document.**

**a.** un concours : ..........
**b.** gagner : ..........
**c.** un prix : ..........
**d.** d'une valeur de : ..........
**e.** soumettre : ..........
**f.** un cliché : ..........

**2. QCM.**

**a.** This contest is: ❑ a photo competition. ❑ a political movement.
**b.** Far East Hospitality is: ❑ the organizer. ❑ a photographer.
**c.** The prizes are: ❑ a photo. ❑ a stay in a residence.
**d.** To enter the contest you: ❑ send only one photo. ❑ can send many photos.

## Grammar

### *Have to / don't have to* : obligé, pas obligé

***Have to***, comme *must*, indique une obligation. Mais cette fois, ce n'est pas une obligation choisie.
***Have to*** se conjugue (3e personne : ***has to***).
– Questions : ***Do/does*** + sujet + ***have to***
Ex. : ***Do we have to*** *pay?* = Est-on obligé de payer ?
– Forme négative : ***Don't have to.*** Il n'y a pas obligation. (Rappel : interdiction = ***mustn't***).
Ex. : *You* ***don't have to*** *pay!* = Tu n'es pas obligé de payer !

■ **Complétez avec *have / has to* ou *don't have to.***

**a.** We .......... submit our shots before February 5.
**b.** Does she .......... buy a camera?
**c.** If you have an internet access, you .......... send a letter.
**d.** The organizer of the contest .......... write precise rules.

## In focus

### Enter the Theodore Outdoor contest CD1 Piste 60

**Listen to Ophelia. She is with Ted Cutter who works at the American Museum of Natural History, where President Theodore Roosevelt (1858-1919) is an emblem. Listen to her radio programme.**

**1. Choisissez la bonne réponse.**

**a.** The Theodore Outdoor contest is organized by:

❑ the American Museum of Natural History. ❑ the Radio programme.

**b.** For the contest you have to submit: ❑ a text and a photo.

❑ one or many photos.

**c.** You: ❑ have to ❑ don't have to be a professional photographer.

**d.** You: ❑ have to ❑ don't have to pay.

**e.** You: ❑ have to ❑ don't have to have an expensive camera.

**2. Réordonnez les étapes du concours puis donnez votre solution à l'oral.**

Ex. : *First people have to... Then they have to... Finally...*

**a.** Submit your shot.

**b.** Take the Theodore Outdoor picture with you if you go to a park or a forest.

**c.** Go to the museum website and get the Theodore Outdoor picture.

**d.** Print the Theodore Outdoor picture.

**e.** Take a photo of the Theodore figure in a natural place.

## Pairwork

**Do you really have to?**
**Use these elements to ask your partner a question. Your partner answers the question and explains his answer. Then change roles. Ask and answer three or four questions each *(= chacun)*.**
**Situations :** pay taxes – have a driving license to drive a car / to drive an electric car – have an expensive camera to take good photos – drink a lot at a birthday party – have a smartphone – learn to read and write – follow orders...

## Pronunciation CD1 Piste 61

**L'accent de mot : les mots en « -ion »**

**1. Écoutez les mots, entourez la syllabe accentuée puis répétez-les à haute voix.**

competition – organization – submission – creation – imagination – profession – exploration

**2. Sur quelle syllabe ces mots sont-ils tous accentués ?**

..........................................................................

CECRL : Savoir parler d'obligation

# Organiser un concours

**You organize a contest in your class or school.**

**1.** Find the subject and the title.
**2.** Explain the rules, the conditions (don't forget the dates).
**3.** Present the prizes.

**Here is an example of the type of information given online:**

| Prizes | Judges | The fine print | Questions? |

**Rules**

**Who may enter ▼** Conditions ▸

Amateur and professional photographers, except for employees of N.C. Wildlife Resources Commission, the N.C. Museum of Natural Sciences, the N.C. Division of Parks & Recreation, UNC-TV and Great Outdoor Provision Co., and their immediate families (children, siblings and spouses).

Grand Canyon National Park

Yellowstone National Park

Monument Valley Navajo Tribal Park

**7 words** to know CD1 Piste 62

enter a contest, a competition, to submit, don't have to, a prize, to win, to organize

# Samy's word

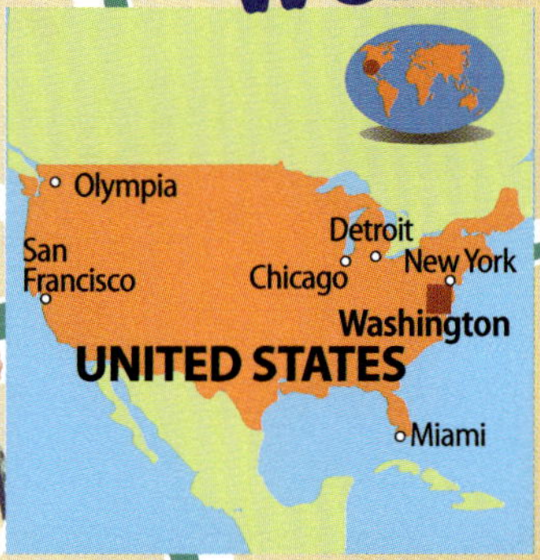


**Believe me or not, museums are great places. You can see things you never see anywhere else. There's an interesting job offer at the MoMA for the holidays. I must go and apply for that job! And I have to get prepared for the interview…**

# Jobtrotter in… New York

**Objectif** **Savoir préparer un entretien d'embauche**

## SECURITY GUARD

### Essential Functions and Responsibilities

- Welcome visitors and provide them with the appropriate information.
- Control crowds.
- Circulate frequently through assigned post to deter acts of vandalism, theft or negligence and ensure the safety of visitors; remain alert and watchful at all times
- Communicate and report all suspicious conditions or persons; provide descriptions of violators of Museum rules; report accidents, injuries, and/or hazardous conditions
- Also check stairwells, fire exits and fire extinguishers.

*Note: This position requires night and weekend work.*

**MOMA**
The Museum of Modern Art, NYC

### Aide lexicale

crowd = la *foule*
a theft = un *vol*
to remain = *rester*
an injury = *une blessure*

# Grammar

## Le pluriel

- On ajoute un « **-s** » à la majorité des noms.
Ex. : *a guard* > *two guard**s**.*
- On ajoute « **-es** aux noms terminés par un son sifflant (*s, z, x* ou *sh*).
Ex. : *a box* > *two box**es**.*
- La terminaison **-y** devient **-ies**.
Ex. : *a party* > *part**ies**.*
- La terminaison **-o** devient **-oes**.
Ex. : *a hero* > *her**oes*** – *a potato* > *potat**oes***
- **Pluriels irréguliers :**
*man* > ***men*** – *woman* > ***women*** ['wɪmɪn] – *child* > ***children*** – *mouse* > ***mice*** – *foot* > ***feet*** – *tooth* > ***teeth*** *this* > ***these*** – *that* > ***those***

Rappel : les adjectifs ne s'accordent pas ; ils sont invariables.

■ **Mettez ces phrases au pluriel. Attention à l'accord des verbes.**

**a.** There is a mouse behind this statue!

..........................................................

**b.** That child is horrible.

..........................................................

**c.** A hero is a man or a woman who has a special power.

..........................................................

**1. Cochez la bonne réponse.**

**A museum security guard has to…**

**a.** ❑ welcome and control visitors. ❑ check people's identity cards.

**b.** ❑ walk around. ❑ sit down and wait.

**c.** ❑ help postmen. ❑ help visitors.

**d.** ❑ prevent fires. ❑ prevent car accidents.

**e.** ❑ arrest ❑ identify and describe people who violate the Museum rules.

A very serious museum security guard.

**2. Utilisez le contexte pour déduire le sens de ces mots et entourez la bonne traduction.**

**a.** provide: *provenir – fournir – cacher*

**b.** deter: *déterrer – commettre – empêcher*

**c.** ensure: *assurer – s'ensuivre – ensuite*

**d.** watchful: *porter une montre – regardant – vigilant*

**e.** hazardous: *hasardeux – dangereux – chanceux*

## Action!! Be a museum security guard

**Use the information given on this brochure of the MoMA to prepare a job interview: say what a museum security guard has to do on the ground level and determine the qualities he must have.**

Ex. : A guard must provide appropriate information so I have to learn about…
A guard must ensure the safety of visitors so I have to be…
If a visitor asks me about… I have to…
If a visitor smokes / has an accident… If there is a thief / a fire…
Speak four or five languages? Good at Math? Sportive? Patient? Strong?

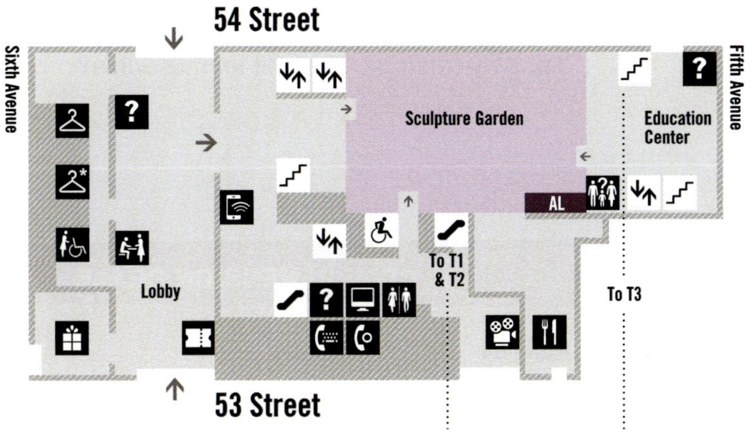

- Tickets
- Information
- Education and Family Information
- Mobile Tours Desk
- Member Services
- Checkroom
- Members Checkroom
- Wheelchair Pick-up
- Restroom/Baby Changing Station
- Family Restroom
- Film Desk
- Store
- Café
- Restaurant
- MoMA.guide
- Telephone
- TTY
- Elevator
- Escalator
- Stairs
- Non-public Area

**7 words to know** CD1 Piste 63

watchful, to provide, to report, to remain, theft, a thief, to require

# Entraînement au CCF

## Situation A — COMPRÉHENSION ÉCRITE — EXPRESSION ÉCRITE

### *Why Can't We Take Pictures in Art Museums?*

People can take pictures just about everywhere. So why can't visitors take photos of paintings or sculptures in a museum? Because art museums have strict limitations on photography: they must protect light-sensitive works and they must respect copyrights.

But in some situations these limitations on photography can cause problems: "guards must focus their attention on people who hold a camera or a smartphone and sometimes they don't see the person next to them touching the art," says a senior manager at the Brooklyn Museum. So in this museum people can take photographs in the majority of its galleries. And for museums, there's an undeniable benefit to having visitors tweet about their visit and share photos: it can attract new visitors.

Adapted from artnews.com

Brooklyn Museum.

**Répondez en anglais aux questions suivantes. (10 x 2 points)**

1. Can people always take photos in Art Museums?
2. What sort of limitations do museums have?
3. What sort of art works must they protect in particular?
4. What must museums also respect?
5. Who must guards watch carefully?
6. Why must they watch these visitors in particular?
7. What can happen if the guards only watch one person?
8. Can people take photos at the Brooklyn Museum?
9. What do visitors do with their photos?
10. Why can it be a benefit for museums?

## Situation B — COMPRÉHENSION ORALE

### Safety tips — CD 1 Piste 64

**Faites un compte-rendu en français de ce que vous entendez. Vous pouvez écouter l'enregistrement 3 fois.**

Quelques questions pour vous guider :
- Qui parle ?
- À quel propos donne-t-il des conseils ?
- Quels conseils donne-t-il (il y en a quatre) ?
- À qui les donne-t-il ?

# Passerelle

## Keith Haring exhibition

CD 1 Piste 65

You don't have to be an expert, you know New York artist Keith Haring's figures: they are instantly recognizable. And you can see them everywhere on magnets, calendars, T-shirts or baseball caps. This year, the New-York Historical Society Museum displays everyday objects transformed by Keith Haring. Known[1] for his chalk drawings on subway[2] station walls and public murals, Keith Haring also used unconventional surfaces like clothing, furniture even the skin[3] of a famous dancer. The exhibition shows Madonna's jacket, costumes for Grace Jones as well as photographs and videos.

**Admission fees[4]:** Adults $18 - Students $12 - Kids (5–13 years old) $6 - Kids 4 and under FREE - Admission is pay-as-you-wish[5] from 6-8 pm on Fridays. Closed on Mondays.

1. known = connu
2. subway (US) = *métro*
3. skin = *peau*
4. a fee = *un droit d'entrée*
5. to wish = *souhaiter*

**1. Surlignez, ci-dessous, la phrase qui résume le mieux l'article.**

**a.** Keith Haring est un membre connu du New York Historical Society Museum.
**b.** Il y a une nouvelle exposition à New York des œuvres de Keith Haring, un artiste très connu.
**c.** Keith Haring est un danseur connu à New York : on le voit sur des calendriers.

**2. Vrai ou faux ? Corrigez à l'oral quand cela est nécessaire.**

**a.** The "Radiant baby" is one of Keith Haring's artworks. ❑ Right ❑ Wrong

**b.** You can see Keith Haring's figures only in museums. ❑ Right ❑ Wrong

**c.** Keith Haring's a sculptor. ❑ Right ❑ Wrong

**d.** The exhibition displays drawings on traditional surfaces. ❑ Right ❑ Wrong

**e.** Visitors don't have to pay to see the exhibition. ❑ Right ❑ Wrong

**3. Retrouvez dans l'article l'équivalent anglais des mots suivants :**

**a.** reconnaissable : ..............................

**b.** aimant : ..............................

**c.** casquette : ..............................

**d.** exposer : ..............................

**e.** aussi bien que : ..............................

## React !!

**About the text. 1.** Do you like Keith Haring's style?

**Go further.**

**2.** Do you think people must go to the museum from time to time? Why or why not?
**3.** What's the role of a museum? Why are museums important?
**4.** Visitors have to pay to see Art collections. Do you think it's normal?
**5.** What do museums shops sell? Why?

### 7 words to know

CD 1 Piste 66

- to recognize
- to display
- fee
- skin
- exhibition
- to wish
- even

ENGLISH Attack!
www.english-attack.com

# Web Activity

**Now, let's watch a video about the movie you studied in Lesson 1, "Night At The Museum".**

VIDEO BOOSTER

**Before watching the video**

**1. Who can we probably see in the video?**

❑ The hero alone ❑ The hero with his wife and son

❑ The hero with extraordinary people.

The situation in the extract must be... ❑ romantic. ❑ tense.

❑ quiet.

**After watching the video**

**2. Do you think this video gives a good impression of what happens in the movie?**

## PORTFOLIO

| **Lire** | 🙂 | 😐 | ☹ |
|---|---|---|---|
| Je peux comprendre un article qui présente les règles à suivre dans le cadre d'activités. | | | |
| Je peux comprendre le règlement d'un bâtiment public. | | | |
| **Écouter** | 🙂 | 😐 | ☹ |
| Je peux comprendre une personne qui explique des règles. | | | |
| Je peux comprendre une personne qui parle d'obligations. | | | |
| **Écrire** | 🙂 | 😐 | ☹ |
| Je peux faire des phrases pour décrire ce qu'on est obligé de faire. | | | |
| Je peux utiliser des mots liés à la peur. | | | |
| **Parler** | 🙂 | 😐 | ☹ |
| Je peux présenter les qualités nécessaires à un emploi. | | | |
| Je peux parler de ce qu'on doit faire ou pas dans un endroit précis. | | | |
| Je peux utiliser les mots liés à l'idée de concours. | | | |

# UNIT 8

# On The Road

*Fast and Furious 5.*

## SOMMAIRE

**TASK 1** : Raconter une anecdote

**TASK 2** : Prendre des notes en écoutant un récit

**TASK 3** : ***Be a delivery driver***

**Outils linguistiques :**
- Le prérérit
- *Ago*
- *Could* et *had to*

**Outils lexicaux :**
- Le transport
- La conduite
- Les véhicules

**Cochez la (les) bonne(s) réponse(s).**

**a.** The scene takes place on ❑ a motorway.

❑ in a small street. ❑ in a garden.

**b.** The two men are actors ❑ the heroes.

❑ the directors of the movie.

**c.** The photo is a ❑ close-up *(= gros plan)* .

❑ a full shot *(= plan large)*.

## Start the day

## Repair your car at *Auto Spares*

**Replacez les mots suivants dans le dessin.**

exhaust and emission – seat belts – driving wheel – windscreen – number plate and Vehicle Identification Number (VIN) – suspension – seat – mirror – brake – type and roadwheel – engine.

## Grammar

### Le prétérit

- **Emploi**

On emploie le prétérit pour des actions passées, finies. On sait quand elles ont eu lieu (hier / quand j'étais petit / etc.).

- **Verbes réguliers** = base verbale + *ED*

Ex. : *wait > wait**ed***

- **Verbes irréguliers** = 2ᵉ colonne du tableau p. 159.

Ex. : *He f**orgot** (pas de « –s »).*

- **Forme négative**

Sujet + ***did not*** (***didn't***) + Verbe *(isn't >wasn't, aren't > weren't)*

Ex. : *He **didn't** forget.*

- **Questions**

(Wh...) ***did*** + Sujet+ Verbe

Ex. : *What **did** they **do**?*

■ **Mettez ces phrases au prétérit.**

**a.** He often puts his own experiences into his stories.

..........................................................................................

**b.** There is a bus on the road but there isn't any car.

..........................................................................................

**c.** Do you like this movie?

..........................................................................................

**d.** She wants to participate.

..........................................................................................

**e.** He doesn't drive well.

..........................................................................................

# Task 1

## In focus

### A very long trip? CD 2 Piste 1

When a writer tells a story or writes a script for a film, he often puts part of his own experiences into it. For instance, in the Road movie *Little Miss Sunshine*[1] (2006), a whole[2] family decided to go from Albuquerque (New Mexico) to California (an 800-mile trek), because Olive (the 7-year-old daughter) wanted to participate in a beauty contest. They all piled into their antiquated Volkswagen bus with repeated mechanical problems: the clutch[3] broke down, the horn[4] got stuck and a door fell out. Many of the problems were based on similar problems that the script writer experienced during a childhood[5] trip in the same type of vehicle: he didn't forget them and put them into the plot of the film.

1. sunshine = *rayon de soleil* – 2. whole = *(au) complet, tout* – 3. clutch = *embrayage* – 4. horn = *klaxon* – 5. childhood = *enfance*

**1. Complétez les informations le film cité dans l'article.**

Title: ..................

Film genre: ..................

Trip (from / to) and distance: ..................

Name of the daughter: ..................

Type of vehicle: ..................

Goal: ..................

Problems: ..................

**2. Vrai ou faux ? Cochez la bonne réponse puis justifiez en citant l'article.**

**a.** Script writers never use their experiences. ❑ Right ❑ Wrong

..................

**b.** For *Little Miss Sunshine*, the script writer totally invented the story. ❑ Right ❑ Wrong

..................

**c.** The script writer remembered a trip in a Volkswagen bus. ❑ Right ❑ Wrong

..................

**d.** He refused to mention the mechanical problems. ❑ Right ❑ Wrong

..................

**3. Trouvez dans l'article le sens de ces mots, en utilisant le contexte. Entourez la bonne réponse.**

**a.** own: *oubliés – posséder – propres*

**b.** to pile: *s'empiler – stopper – piller*

**c.** stuck: *coincé – réparé – stupéfait*

**d.** trek: *très – un périple – une marche*

**e.** antiquated: *antiquité – vétuste – anti-conformiste*

**4. Trouvez dans l'article un synonyme de :**

**a.** for example: ..................

**b.** film: ..................

## Action!!

CECRL : Savoir parler d'événements passés

### Raconter une anecdote

**Tell about something that happened to you on the road.**

**a.** Say where you were, when it happened: was it day or night, on a small road? On a motorway? In town? In the country?

**b.** Who was there? Were you alone?

**c.** What happened? *(= Que s'est-il passé ?)*
- Did you have a mechanical problem?
- A breakdown?
- Did you meet a strange animal / person?
- Were you afraid / silly / ridiculous?
- Did anybody help you?
- Did you help anybody?

**d.** Why do you remember it? Was it strange / funny / original / frightening?

Traffic accident.

Meeting a hitchhiker.

Car blocked by snow.

Wild moose crossing a road.

**7 words to know** CD 2 Piste 2

movie, vehicle, trek, plot, during, broken, engine

# Start the day

## 10 good driving habits

1. Watch your speed.
2. Adjust your seat and the mirrors.
3. Stop for amber lights.
4. Come to a complete stop at stop signs.
5. Slow down at intersections and traffic lights.
6. Indicate before you pull out from the kerb.
7. Don't brake or accelerate too suddenly.
8. Indicate before you turn or change lanes.
9. Fasten and adjust your seat belt.
10. Look before you back up and check the blind spot.

**Aide lexicale**

to pull out = *se dégager de*
the kerb = *le bord du trottoir*
to back up = *reculer*

**1. Classez les conseils dans les trois catégories proposées.**

**a.** Preparing to drive: ..................

**b.** Respect the rules: ..................

**c.** Be a careful driver: ..................

**2. Associez chaque image à un conseil.**

Picture A: .................. Picture B: .................. Picture C: ..................

**3. Identifiez des mots pour les réutiliser.**

**a.** Trois objets dans la voiture : ..................

..................

**b.** Cinq mots liés à la signalisation et à la route : ..................

..................

**c.** Quatre verbes liés à la vitesse : ..................

..................

## Grammar

### Ago

***Ago*** indique le temps qui s'est écoulé depuis l'action.
Ex. : *I worked in London 20 years* ***ago.*** (C'était il y a 20 ans.)

**Attention**

En Français quand « il y a » se rapporte au temps (il y a 20 ans) en anglais on utilise *ago* (*20 years ago*). Quand « il y a » est employé pour designer des personnes ou des objets (il y a trois oiseaux) en anglais on utilise there is / there are (*there are three birds*).

■ ***Ago, there is, there are*** **? Complétez.**

**a.** Be careful! .................. a child crossing the road!

**b.** Three days .................. my mother had a car accident.

**c.** I saw the examiner an hour .................. .

**d.** Ten years .................. he started driving lorries.

**e.** .................. difficult questions in the written test.

# In focus

## Did they pass? CD2 Piste 3

**1. Écoutez l'enregistrement une première fois et cochez la bonne réponse.**

George decided to become a driving instructor...

**a.** ❑ 10 months ago. ❑ 10 years ago. ❑ 10 days ago.

**b.** because he liked ❑ buses. ❑ driving. ❑ giving orders.

**2. Écoutez de nouveau l'enregistrement et complétez.**

**1st anecdote**

**a.** Who (boy / girl)? ..............................

**b.** When? .................. years ago.

**c.** Did he take the test / pass the test? ..............................

..............................

**d.** What did he do? ..............................

**2nd anecdote**

**a.** Who (man / lady)? ..............................

**b.** Did he / she drive well? ..............................

**c.** Lesson N. .......?

**d.** What did he / she do? ..............................

**e.** Consequence for the instructor? ..............................

**f.** Did he / she pass the test? .............................. /

.............................. ago.

**g.** Number of lessons? .......

## Pronunciation CD2 Piste 4

**Les terminaisons *-er* et *-or***

**1. Écoutez les mots suivants et entourez les syllabes accentuées.**

to instruct – an instructor – to examine – an examiner – to accelerate – an accelerator – to operate – an operator – to indicate – an indicator

**2. Les terminaisons *-er* et *-or* font-elles déplacer l'accent de mot ?**

..............................

### Aide lexicale

to take a test: *passer un examen*
to pass a test: *réussir un examen*

## Pairwork

**Ask questions and imagine answers. Use the words below.**

Ex. What game did you play two days ago?
Where did you live two years ago?...

2010 – 2000 – 2005 – January – March – September – Monday – Saturday

live – learn – study – go for the holidays – video game / play / music / wear clothes / listen to

# Action !!

Task 2

CECRL : Comprendre un discours au passé

## Prendre des notes en écoutant un récit

CD2 Piste 5

Listen to these four drivers speaking about their driving exam.

Take down notes: complete the grid.

| | How long ago? | Passed? Didn't pass? | First time? Second time? ... time? | What she / he did | What you must / mustn't do |
|---|---|---|---|---|---|
| Driver 1 | ........ | ........ | ........ | ........ | ........ |
| Driver 2 | ........ | ........ | ........ | ........ | ........ |
| Driver 3 | ........ | ........ | ........ | ........ | ........ |
| Driver 4 | ........ | ........ | ........ | ........ | ........ |

### 7 words to know

CD2 Piste 6

to park, a driving instructor, an examiner, to slow down, to accelerate, to take an exam, to pass

# Samy's word

**Detroit was famous for its car plants: Ford, Chrysler, General Motors ('The Big Three'). Now it's gone bankrupt! But I found a job as a delivery driver for UPS two days ago.**

# Jobtrotter in... Detroit

**Objectif** Savoir faire un compte-rendu d'activité

**Samy rencontre la personne qu'il doit remplacer et qui lui raconte sa semaine.** CD 2 Piste 7

"On Monday I took a van, and I had to deliver parcels in the southern part of the town. The parcels weren't too heavy, so I could lift them easily. But the problem was the traffic. The traffic was heavy! I managed to finish the day at 5p.m. anyway. Not bad…

I didn't work on Tuesday but on Wednesday I took a minivan because I only had letters and small packages to deliver. There was no one home for the last package: I couldn't get a signature on the handheld tracking device. But I didn't have to wait: I left a notice on the door.

On Thursday I drove to Rochester Hills about 30 miles to the North of Detroit. I took a map. One of the parcels I had in my truck was for Eminem! He has a house there! Unfortunately I couldn't see him…"

## Write a note

**Leave a note to a friend.**
You went to see your friend and you brought him/her CDs. Unfortunately he/she was not in. Write down a few lines.
Use the following elements:
*6:30, no one home, phone = no battery. CDs > not near door! So CDs > envelope > letterbox*

..............................................................

..............................................................

..............................................................

## Grammar

### Could et had to

- Le prétérit de *can* est ***could*** (= pouvais, a pu...). C'est un auxiliaire.
Ex. : *I **couldn't** get a signature. **Could** he carry all the parcels?*
- ***Had to*** (= devais, a dû...) est la forme passée de ***must*** et de ***have to***. Ce n'est pas un auxiliaire.
Ex. : I ***didn't have to*** wait. What did he ***have to*** ask?

**Mettez ces phrases au passé puis à la forme négative.**

**a.** I can drive fast. ..............................................................

..............................................................

**b.** She has to carry heavy parcels. ..............................................................

..............................................................

**c.** My friend must go to Detroit. ..............................................................

..............................................................

**1. Lisez le texte et répondez à ces questions.**

**a.** What vehicles did the delivery driver use?

........................................

**b.** Could he carry all the parcels on Monday?

........................................

**c.** What did he have to ask the customers when he delivered a parcel?

........................................

........................................

**d.** What do the customers sign on? ....................

........................................

........................................

**e.** What was surprising on Thursday? ....................

........................................

........................................

**f.** What difficulties did the delivery driver mention?

❑ Customers ❑ Traffic ❑ Finding the addresses

❑ Devices ❑ Car keys ❑ Heavy parcels

**2. Trouvez dans ce texte les équivalents anglais des mots suivants.**

**a.** soulever : ....................

**b.** malheureusement : ....................

**c.** le dernier : ....................

**d.** le Nord : ....................

**e.** du Sud : ....................

**f.** qu'on tient à la main : ....................

**Problem report** - Delivery driver's name: Samy
District: West Side Week N.: 30

| Day | Customer's name | Vehicle | To deliver … | Problem | Had to? |
|---|---|---|---|---|---|
| Monday | Everything ok | | | 9 parcels | |
| Tuesday | Janice Brodney | minivan | Small parcel | No delivery / not at home | Notice on door |
| | Mark Helm | minivan | Window "Express Envelope" | Refused to sign | back to center / Return to Sender |
| Wednesday | Ed Donovan | truck | "Express Hard Pak" | Very large and heavy + funny noise in engine | Help from other delivery person Truck > garage |
| Thursday | Win Houston | van | Express tube | Wrong address / | Phone / Reschedule Delivery (changed to next Monday) |
| | Dave Black | van | Large box + Medium box | Traffic + blocked street | phone > new delivery address |

## Action!! Be a delivery driver

**Pairwork. Report what Samy's did during the week.**
Use the notes Samy took in his notebook.
Your partner is the boss and asks you questions.
Change role after 2 or 3 minutes.

**Aide lexicale**
a parcel = *un colis*
a package = *un paquet*
to manage = *réussir à*
heavy = *lourd / mauvais*
a device = *un appareil*

**7 words to know** CD 2 Piste 8

to deliver, a parcel, to lift, to carry, could, had to, heavy

# Extra Training

**1. Complétez ces réponses courtes.**

**a.** Did you try your new car yesterday? Yes, ........................

**d.** Was there a problem with the clutch? Yes, ........................

**c.** Did you have to go to the garage? No, ........................

**b.** Could they repair the clutch? No, ........................

**e.** Were there other problems? No, ........................

**2. Reformulez ces phrases en utilisant *ago*.**

Ex. : *Detroit went bankrupt in 2013. > Detroit went bankrupt 2 (3...) years ago.*

**a.** Henry Ford invented the Ford T model in 1908.

........................

**b.** The first motor truck was built in 1896 by the German pioneer Daimler.

........................

**c.** My friend bought a new motorbike in November.

........................

**d.** I saw a good ad for a new minivan last Monday.

........................

**e.** We arrived here at 7.30 this morning.

........................

**3. Mettez ces phrases au passé. Attention, les verbes sont irréguliers.**

**a.** She sees John on Mondays.

........................

**b.** She doesn't want to tell her parents.

........................

**c.** She speaks about it to her friends.

........................

**d.** I think it's funny.

........................

## 4. Dites en anglais…

**a.** Je n'ai pas pu porter ce colis.

..........................................................................................

**b.** Est-ce que tu as été obligé d'attendre ?

..........................................................................................

**c.** Pourquoi n'as-tu pas pu conduire ?

..........................................................................................

**d.** Il y a un camion devant le supermarché.

..........................................................................................

**e.** Il y a 2 jours, je n'ai pas pu garer la voiture ici.

..........................................................................................

## 5. Entendez-vous un verbe au prétérit ou au présent ? Écrivez le verbe entendu dans la bonne case.

CD 2 Piste 9

| | a | b | c | d | e | f |
|---|---|---|---|---|---|---|
| **Prétérit** | | | | | | |
| **Présent** | | | | | | |

## 6. Analysez l'affiche.

**Complétez ce texte qui accompagne le poster sur Internet. Utilisez les mots de cette liste :** September – Washington – cars – walk – encouraged – international – train.

Car Free Days are an .......................... event celebrated every .......................... in which people are .......................... to get around without .......................... and instead ride a .........................., bus, bicycle, subway, or .......................... Car Free Days are open to all people in the .......................... metropolitan area.

# Evaluation

## COMPRÉHENSION ÉCRITE

**1. Retrouvez le mot qui manque.**

**a.** I can't lift this box: it's too _ _ _ _ _ for me!

**b.** Hey! You're going too fast! Please _ _ _ _ _ _ _ _!

**c.** If you get 6 wrong answers, you don't _ _ _ _ your driving test.

**d.** There are many cars on this road: the _ _ _ _ _ _ _ is really heavy this morning.

**e.** Hey! Be _ _ _ _ _ _ _! You're backing up on the kerb!

**2. Mettez ces phrases au prétérit.**

**a.** My friend is a delivery driver.

.......................................................................................

**b.** He drives a large van.

.......................................................................................

**c.** He doesn't like driving at night.

.......................................................................................

**d.** He says it's too dangerous.

.......................................................................................

**e.** There are too many accidents.

.......................................................................................

## EXPRESSION ÉCRITE

**3. Entourez la bonne réponse.**

**a.** Vous voulez savoir si votre copain a pu acheter les billets. Vous demandez :
1. Could you buy the tickets?
2. Did you have to buy the tickets?

**b.** Vous voulez savoir si votre copain a réussi son examen. Vous demandez :
1. Did you take the exam?
2. Did you pass the exam?

**c.** Vous voulez dire que vous avez été obligé(e) d'attendre. Vous dites :
1. I had to wait. 2. I have to wait.

**d.** Vous voulez dire que vous avez conduit très vite. Vous dites :
1. I drive very fast. 2. I drove very fast.

**e.** Vous voulez savoir si votre copain est parti à 3 heures. Vous demandez :
1. Did you leave at three?
2. Who left at three?

**4. La communication téléphonique est mauvaise. Posez la question sur les mots que vous n'avez pas entendus.**

**a.** This morning I delivered a xxx.

.......................................................................................

**b.** She went to the xxx.

.......................................................................................

**c.** I was furious because xxx.

.......................................................................................

**d.** I took the van at xxx o'clock.

.......................................................................................

**e.** We couldn't visit Detroit because xxx.

.......................................................................................

## COMPRÉHENSION ORALE

CD2 Piste 10

**5. Écoutez les phrases et complétez les mots manquants.**

**a.** I think that ................ the traffic here wasn't so bad.

**b.** There are ................, ........................ and motorbikes everywhere!

**c.** You're right and yesterday I ................ in front of the supermarket.

**d.** I ........................................ drive round the corner.

**e.** Fortunately I ........................................ pay anything!

# Passerelle

## Car culture

CD2 Piste 11

In the US, in the 1950s, people didn't want to leave their cars for anything.

The best known example is the drive-in movie theater[1]. These became popular from the mid-'30s onward[2]. Movies shown at the drive-in suffered from poor picture quality and the original sound, which came from little speakers attached to the car windows, was also poor. And then people had only their cars to protect them from the wind, the rain or the snow. Now people prefer climate-controlled theaters.

After the theater, the most iconic example is the drive-in restaurant: you ate the meal entirely while[3] seated in your car.

Finally there was the drive-in church[4]: these emerged in the '40s and reached their zenith during the '50s.

Things are different now: gas[5] and cars are expensive and young people are going green, they prefer walking, they've got bikes and take public transit[6].

1. a movie theater (US) = *un cinema* – 2. from … onward = *à partir de* – 3. while = *pendant que, tout en…* – 4. church = *église* – 5. gas (US) = *essence* – 6. transit (US) = *transport*

**1. What are the three types of drive-ins mentioned in the article?**

.....................................................................................................

.....................................................................................................

**2. Lisez l'article et choisissez la (les) réponse(s) suivante(s). Citez le passage qui correspond à votre (vos) réponse(s).**
**The author says...**

**a.** Americans invented drive-ins because they:
- ❑ never left their car.
- ❑ had nowhere to live.
- ❑ weren't courageous.

**b.** At the drive-in movie theater:
- ❑ people were poor.
- ❑ the quality of pictures and sound was poor.
- ❑ people were attached to their cars.

**c.** Movie theater people could:
- ❑ be cold.
- ❑ control the weather.
- ❑ be wet with the rain.

**d.** At the drive-in restaurant people could:
- ❑ meet lots of people.
- ❑ eat without going out of their car.

**e.** Drive-ins are less (= *moins*) popular now because the young generation:
- ❑ doesn't like driving.
- ❑ hasn't got a lot money.
- ❑ respects nature.
- ❑ prefer other transport.

## React !!

**About the text: 1.** Do you think these drive-ins were a good idea?

**Go further.**

**2.** Do you think cars are necessary or simply useful for you, for other people, in towns, in the country, in special conditions (on small islands, in very cold places, in the jungle...)

**3.** What means of transport existed before now? 500 years ago? 100 years ago?

**4.** What did the invention of cars bring us?

### 7 words to know

CD2 Piste 12

- the 50s
- a movie theater
- gas
- church
- snow
- while
- to suffer

ENGLISH Attack!
www.english-attack.com

# Web Activity

Let's conclude this unit about transports and driving. Watch this video entitled "How to parallel park".

VIDEO BOOSTER

**Before watching the video**

**1. What can parallel park mean?**

❑ Se garer ? ❑ Faire un créneau ? ❑ Aller au parc ?

**2. Can you think of what the different steps to park a car are?**

**After watching the video**

**1. How many steps are there in the video?**

**2. Why is it complicated to parallel park?**

## PORTFOLIO

| **Lire** | ☺ | 😐 | ☹ |
|---|---|---|---|
| Je peux comprendre un résumé de film. | | | |
| Je peux comprendre un récit d'expériences passées. | | | |
| **Écouter** | ☺ | 😐 | ☹ |
| Je peux comprendre une personne qui parle de permis de conduire. | | | |
| Je peux identifier un passé dans une phrase à l'oral. | | | |
| **Écrire** | ☺ | 😐 | ☹ |
| Je peux décrire des faits passés. | | | |
| Je peux écrire une courte note. | | | |
| **Parler** | ☺ | 😐 | ☹ |
| Je peux parler d'actions passées. | | | |
| Je peux faire un bref compte-rendu à partir de notes. | | | |
| Je peux répondre à des questions sur ce qui s'est passé. | | | |

# UNIT 9

# At The Shopping Center

Advertisement for a commercial center.

## SOMMAIRE

**TASK 1** : Savoir exprimer des comparaisons

**TASK 2** : Savoir parler de superiorité

**TASK 3** : ***Be a clothes sales assistant***

**Outils linguistiques** :
- Les comparaisons
- Le superlatif
- Parler d'argent

**Outils lexicaux** :
- Les accessoires de mode
- La vente
- L'argent
- Les prix

**Complétez oralement cette description de la publicité.**

**a.** The girl's wearing...
**b.** She's carrying...
**c.** She's looking at...
**d.** On the floor there are...
**e.** In the back ground there is...

# Start the day

## Sales in Manchester: fashion accessories

1

1 ..........

2

2 ..........

3

3 ..........

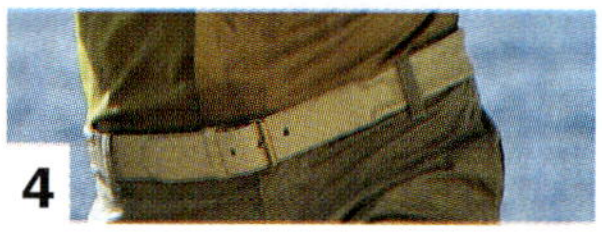
4

4 ..........

5

5 ..........

6

6 (Two words) ..........

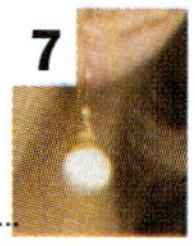
7

7 ..........

8

8 ..........

9

9 ..........

10

10 ..........

11

11 ..........

**1. Associez chaque objet à l'image qui lui correspond.**
necklace – earring – bracelet – scarf – shoes – watch – hat – gloves – belt – bag – tie – glasses

**2. Les objets cités sont-ils des vêtements, des bijoux ou des accessoires ? Classez-les.**

Clothes: ..........

Jewelry: ..........

Accessories: ..........

# Grammar

**Les comparatifs : « plus ... que », « moins ... que »**

- **Plus ... que**

Adjectif à 1 syllabe ou en ***-y*** **:** Adjectif + ***-er***
Autres adjectifs : ***more*** + Adjectif + ***than***
Ex. : *smart* > ***smarter*** (plus futé), *easy* > ***easier*** (plus facile), ***more expensive*** (plus cher)

- **Moins ... que** = ***less*** + Adjectif + ***than***

Ex. : ***less*** *stylish* ***than*** *others*
**Attention :** *good* et *well* > ***better*** (mieux / meilleur)

- **Devant un nom**

**Plus =** ***more*** + Nom + ***than***
Ex. : ***more money***
**Moins =** ***less*** + Nom **(singulier) /** ***fewer*** + nom **(pluriel)**
Ex. : ***less money, fewer clothes***

■ ***More? Less? -er?*** **Comparez ces personnes avec l'adjectif entre parenthèses.**

**a.** Kate Moss / Devon Aoki (famous)

..........

**b.** Ralph Lauren / Jak Joten (successful)

..........

**c.** Calvin Klein / me (rich)

..........

**d.** Princess Kate Middleton / Princess Fiona in "Shrek" (lovely)

..........

# In focus

## Broke but Stylish!

CD 2 Piste 13

### You Can Be Broke and Stylish

Here are some of my secrets:

**#1- Accessorize**

There is no better solution than adding accessories. They can be expensive, but they can also be cheap: I have a gold necklace and every time I wear it I get a compliment. I paid less than $15 for it!

**#2- Pick a color palette and stick with it**

Tighten up your color palette: it's easier to add in new pieces because everything works together. Mix and match different clothes and accessories (necklaces, ties, bracelets, scarves…).

**#3- Invest in basics**

Basics are the foundation on which my wardrobe is built. Basics don't have to be boring, they have to be versatile. I wear them different ways and they stand the test of time.

***Remember: when you're on a budget, you have to be smarter, not less stylish than others!***

Bridgette Raes, fashion expert

**Aide lexicale**

sales = les *soldes*
broke = *fauché*
a necklace = un *collier*
to stick with = *s'en tenir à*
to tighten up = *resserrer*
boring = *ennuyeux*
smart = *futé*
to match = *associer*

**1. Choisissez la bonne proposition.**

**a.** The expert advises to spend more money: ❑ on clothes. ❑ on accessories.

**b.** She thinks it's easier to match very: ❑ colourful clothes.
❑ less colourful clothes.

**c.** People usually think that basics are more: ❑ boring.
❑ less boring than original clothes.

**d.** She says that if you wear accessories on basics you look: ❑ better. ❑ poorer.

**e.** She says that if you have smart ideas you can be: ❑ stylish. ❑ a loser.

**2. Que signifient ces expressions dans l'article ? Entourez votre choix.**

**a.** be stylish: *avoir mauvais genre – avoir de l'allure*

**b.** pick: *dessinez – choisissez – piquez*

**c.** everything works together: *tout va ensemble – tout baigne – tous ensemble*

**d.** be versatile: *changer d'avis – être renversant – aller avec tout*

**e.** when you're on a budget: *quand vous faites vos courses – quand vous surveillez vos dépenses*

**3. Retrouvez les équivalents de ces mots dans l'article.**

**a.** cher : ..........

**b.** pas cher : ..........

**c.** garde-robe : ..........

**d.** en or : ..........

**e.** ensemble : ..........

**f.** ajouter : ..........

**g.** mélanger : ..........

Action !!

CECRL : Savoir exprimer des comparaisons

## Comparer la mode actuelle avec les modes passées

**Look at the pictures.**
**Compare the way people dressed before with the way they dress now.**
**Say if men's clothes were more … than now or if it's the opposite …**
**Explain your answers giving examples.**

You can use the following adjectives: *expensive, discreet, comfortable, elegant, original, stylish, sexy, glamorous, nice, complicated…*

*Skins*, TV show. 2013.

*Mad Men*, TV show about the sixties, 2007.

**7 words** to know CD 2 Piste 14

fashion, smart, versatile, wardrobe, accessory, cheap, to spend money

# Start the day

## DIY Body products: a workshop in Manchester

**À quel numéro de la publicité correspondent ces mots ?**

**a.** soap: number ..........

**b.** shaving cream: number ..........

**c.** shower: number ..........

**d.** bath: number ..........

**e.** shampoo: number ..........

**f.** perfume: number ..........

**g.** spray: number ..........

**h.** make-up: number ..........

# Grammar

### Le superlatif : « le plus », « le moins »

On compare de nombreux éléments pour en extraire un seul.

- **Le plus**

– Adjectif à **1 syllabe** ou en ***-y*** : on ajoute la terminaison ***-est (-iest)***.
Ex. : *sweet* > ***the sweetest*** ; *funny* > ***the funniest***
– Autres cas : ***the most*** + Adjectif.
Ex. : *original* > ***the most*** *original soap in the shop.*
Remarque : le meilleur = ***the best***

- **Le moins** = ***the least*** + Adjectif
Ex. : ***the least*** *interesting product*

**■ Complétez ces phrases par des superlatifs.**

**a.** Lush is one of ..........
shops in England. (successful)

**b.** The ..........
face masks are made with cucumber. (popular)

**c.** The ..........
way to order product is the Internet. (easy)

**d.** Their ..........
perfume is called "Gorilla"! (nice)

# In focus

## A British cosmetics company: Lush

CD2 Piste 15

**Listen to Alan Gordon, a radio reporter in Manchester where the Lush shop is promoting new products. He's interviewing customers. Listen to them.**

**Aide lexicale**

organic = *bio*
dirty = *sale*
a gorilla = *un gorille*

**1. Which product in the Lush ad do the customers mention? Circle them!**

**2. Tick what you hear in the dialogue. The customers say…**

**a.** The Lush shop is: ❑ the smallest ❑ the biggest ❑ the most surprising shop in town.

**b.** Lush products are: ❑ the cheapest ❑ the best organic ❑ the dirtiest ❑ the most original products.

**c.** The soaps look: ❑ like bread. ❑ like cakes. ❑ like cream.

**d.** Lush has got: ❑ funny ideas. ❑ funny customers.

## Pairwork

**Convince your partner to buy Lush product.**

You are a salesperson at Lush.
Your partner is a customer.

**1.** Ask him / her what sort of product he/she is looking for (face? body? perfume…).

**2.** Choose one product and explain why it's the best product for him / her.

## Pronunciation

CD2 Piste 16

**Les terminaisons *-er* et *-est***

**1. Écoutez les mots suivants et entourez la syllabe accentuée.**

small / smaller / the smallest – dirty / dirtier / the dirtiest – funny / funnier / the funniest

**2. Répétez-les à voix haute.**

**3. Les terminaisons *-er* et *-est* déplacent-elles l'accent de mot ?**

……………………………………………………………

**4. Entend-on le « r » de la terminaison *-er* ?**

……………………………………………………………

# Action !!

## Task 2

CECRL : Savoir parler de supériorité

## Proposer une nouvelle gamme de produits

**Lush often ask their customers' advice.**
**This time they're asking for new ideas for a new line of cosmetics or body care products. Imagine what you can propose.**

**a.** Find a product, a shape, a color, a label, a name.

**b.** Write to Lush to explain why your product can become one of the greatest hits. Of course use superlatives to promote your idea!

**7 words to know** CD2 Piste 17

soap, cream, to shave, shower, shampoo, to smell, dirty

# Samy's word

**I'm back in England. I heard of Manchester as a "capital of fashion". I've seen a part-time job in a retail clothes shop and I've found some advice on a forum...**

# Jobtrotter in... Mancheste

**Objectif** Savoir conseiller des clients dans un magasin de vêtements

CD 2 Piste 18

Posté le 2014-01-05 14:00:29

**Thread Starter:** I've never worked in a retail shop before; can someone please tell me if it's a hard job?

**Abby:** Well not really. There are lots of usual duties like general cleaning, changing displays, putting away clothes hangers, unpacking clothes and hanging them and then security tagging them.

**Iris:** The most boring thing you have to do on: stick on sale labels. I hate it (but it's not often)! But you also have to greet and assist customers and that's much more pleasant! You help them choose clothes or accessories, you tell them about the different prices, the quality, the materials, the sizes. You help them try clothes on, see if it fits them well, if it suits their personality, if it needs altering, you advise them...

### Aide lexicale

a duty = une *obligation*
a display = une *présentation*
to hang = *accrocher*
to fit = *aller (être à la bonne taille)*
to suit = *aller bien (au teint, à la personnalité)*

Abby helping a customer choose the best tee-shirt.

# Grammar

**Parler d'argent**

- Pour connaître un prix, on utilise ***How much***
Ex. : ***How much** is this jacket, please? It's £20.*
- Le prix écrit est précédé du symbole de la monnaie utilisée.
Ex. : £10 = 10 livres sterling = *ten pounds*.
$10 = *ten dollars*.
- Pour rendre la monnaie, on dira : ***Here's your change.***
Rappel : *£1 = 100 pence* ; *$1 = 100 cents*
- Autres mots et expressions utiles : *a credit card* – *to pay cash* (= payer en liquide) – *to write a cheque* (=faire un chèque) – *reduced / on sale* ( = en soldes).

■ **Traduisez.**

**a.** Combien coûtent ces chaussures, s'il vous plaît ?

..................................................

**b.** Est-ce je peux payer avec ma carte de crédit ?

..................................................

**c.** Gardez la monnaie !

..................................................

**d.** Je suis désolée, cette veste n'est pas en soldes.

..................................................

# Task 3

1. À quelle activité décrite dans les textes correspond à chacune de ces images ?

2. **Soulignez dans le texte les phrases qui vous permettent de répondre aux questions.**

**a. For Abby:** Is the job hard? – Are there repetitive activities?

**b. For Iris:** Are all activities pleasant? – What information does she give to customers? – How does she help them?

## Action!! Be a clothes sales assistant

**Blue Silk Evening Dress**
£88
**Sizes** 8-18
**length** 59"/150 cm
Other dresses in stock: same model in red, black and green
*Polyester model (same colors) - £69*

**Black Regular Fit Suit**
68% polyester
32% viscose
£120
**Sizes** regular 34-48
*Dry clean only*
*Other colours dark grey/ bright blue*

**Orange Jacket**
64% polyester
34% viscose
2% elastane
£55
**Sizes** 6-18
*Navy blue / Black*

**Green Satin shirt**
100% satin
£40
**Sizes** 6-20
*Black / Red / Turquoise blue*

**Blue Striped Shirt**
100% Organic cotton
£34
**Sizes** S-XXXL
*White, plain blue + same model in 60% cotton 40% polyester*

**Occasion dress designed by SUE ZUKI**
£175
**Sizes** 8-18
20% sold out
*Dry clean only*

**Roleplay. Give advice about one of the clothes above to customers (other students): Which one ? Who for? Why?**

Ex. : You: Good morning, Madam / Sir. Can I help you?
Customer: Good morning. I'm looking for a... to go to... / to wear in...
You: What's your favourite colour / your size?
Customer: ...
You: Well. We've got this... It's £... It's made of... It can suit you well. It's the cheapest / the nicest / the most stylish... It can look better than a... . We've got accessories too: look at that...
Customer: ...
You: Thank you very much, Madam / Sir. Goodbye.

**7 words to know** CD2 Piste 19

to try on, a pound, how much, size, a retail shop, to greet, a label

# Entraînement au CCF

## Situation A — COMPRÉHENSION ÉCRITE — EXPRESSION ÉCRITE

### Coco Chanel

Gabrielle "Coco" Chanel (1883-1971) was one of the key fashion designers in the twentieth century. She was born in Saumur, in the Loire Valley of France. Her family was poor and her education was strict. She first was a theater actress. Then, with the financial help of one of her male admirers, Chanel opened her first fashion shop in Paris in 1913. And she opened a second one in Deauville. She enjoyed huge success, with clients around the world. She was slim, tanned, she had short hair and her silhouette became an ideal. People also admired her active lifestyle and financial independence. Her famous model, the "little black dress" was universally known as a fashion basic. Later, the Chanel suit became a status symbol for a new generation, made of tweed fabric, with its slim skirt and collarless jacket with gold buttons. Chanel also introduced her handbags, jewelry, and shoes with great success. Chanel died in 1971 and twelve years later, Karl Lagerfeld took over the haute couture.

Adapted from metmuseum.org

**Répondez en anglais aux questions suivantes. (10 x 2 points)**

**1.** When was Coco Chanel born?
**2.** What nationality was she?
**3.** What was her first job?
**4.** What did she become after that?
**5.** How many fashion shops did she open in 1913?
**6.** What did she look like?
**7.** What were the two models that made her famous?
**8.** Was the Chanel suit composed of a jacket and trousers?
**9.** What accessories did Chanel introduce in her collection?
**10.** Who replaced Coco Chanel after she died?

## Situation B — COMPRÉHENSION ORALE

### A hard job? CD 2 Piste 20

**Cochez la case qui convient, vous pouvez écouter l'enregistrement 3 fois. (10 x 2 points)**

**1.** Jim est : ❑ réparateur. ❑ chauffeur poids lourd. ❑ chauffeur de taxi.
**2.** Jim a dû apprendre : ❑ la patience. ❑ la courtoisie. ❑ l'attention.
**3.** Jim dit qu'il est plus difficile de conduire un camion : ❑ qu'une camionnette. ❑ qu'une voiture. ❑ qu'une moto.
**4.** Jim insiste sur : *(plusieurs réponses)* ❑ la lenteur des manœuvres. ❑ l'espace nécessaire pour les manœuvres. ❑ le confort dans les cabines.
**5.** Fiona veut : ❑ conduire avec Jim. ❑ devenir chauffeur poids lourd. ❑ acheter un camion.
**6.** Jim répond : ❑ « Pourquoi pas ? » ❑ « Ah non alors ! » ❑ « Les femmes ne conduisent pas de camion. »
**7.** Jim dit qu'il a passé : *(plusieurs réponses)* ❑ un examen écrit. ❑ un permis routier. ❑ un test oral.
**8.** Parmi les règles à connaître, Jim cite : ❑ les panneaux. ❑ le taux d'alcoolémie. ❑ le temps de conduite des chauffeurs.
**9.** Il a fait un stage pendant : ❑ huit mois. ❑ huit semaines. ❑ deux semaines.
**10.** Il s'est fait embaucher par : ❑ une compagnie. ❑ l'État. ❑ une école de conduite.

## Makeup and discrimination

CD2 Piste 21

A survey[1] by the beauty retailer Escentual found that more than two thirds of employers admit they are less likely[2] to employ a female job applicant if she does not wear makeup to the job interview. And makeup plays a bigger part in their decision if the position is in sales or is a public-facing role in the company. It can have a detrimental effect on the woman's promotion prospects[3].

64% of female staff surveyed said they always wear makeup at work, and almost[4] all women (98%) said they wear make-up to a job interview. Two thirds of female staff said they would feel much less confident if they were at a high-level meeting without cosmetics on.

Emma Leslie, Escentual.com beauty editor[5], added: "Great skincare, healthy[6] diet and positive attitude are also fantastic for boosting confidence and that can also be an attractive thing for employers."

Adapted from telegraph.co.uk

1. a survey = une étude – 2. likely = enclin, prêt à – 3. a prospect = une perspective – 4. almost = quasiment – 5. editor = rédacteur – 6. healthy = sain

People waiting for a job interview.

**1. Les points importants : choisissez la (les) réponse(s) correspondant à l'article. Citez l'extrait.**

**a.** Escentual: ❑ is a survey company. ❑ is a newspaper. ❑ sells beauty products.

**b.** The survey concludes: makeup is ❑ is not important for employers.

**c.** Escentual also wants to: ❑ promote their body care products. ❑ boost employers' confidence ❑.

**2. Vrai ou faux ? Citez oralement l'extrait pour justifier.** *"The text says…"*

**a.** Employers prefer female employees who don't wear makeup. ❑ Right ❑ Wrong

**b.** A majority of girls and women wear makeup when they go to a job interview. ❑ Right ❑ Wrong

**c.** Makeup plays a role in female employees' confidence. ❑ Right ❑ Wrong

**3. Retrouvez dans l'article l'équivalent anglais des mots suivants.**

**a.** un tiers : ..............................

**b.** à haut niveau : ..............................

**c.** sûr de soi : ..............................

**d.** stimuler, regonfler : ..............................

**e.** un régime : ..............................

## React !!

**About the text. 1.** Do you think make up plays a similar role in French companies?

**Go further. 2.** Is there similar discrimination concerning men at work?

**3.** What is the role of makeup? Are you for or against makeup? Why?

**4.** Are you more attracted by people who are extremely well-dressed and/or wear makeup or by people who are natural? Why?

### 7 words to know

CD2 Piste 22

a survey
confidence
healthy
a third
a prospect
a level
to admit

ENGLISH Attack!

www.english-attack.com

# Web Activity

**There are famous fashion designers and Victoria Beckham is now one of them. Watch her in a video entitled "Victoria Beckham Wows New York at Fashion Week".**

VIDEO BOOSTER

### Before watching the video

**1. Read the title of the video and circle the right proposition.**

The verb "Wows" shows that the journalists are

enthusiastic – horrified – neutral.

### After watching the video

**2. Do you think that Victoria Beckham's clothes are original? interesting? classical? easy to wear?**

## PORTFOLIO

| **Lire** | ☺ | 😐 | ☹ |
|---|---|---|---|
| Je peux comprendre un article qui parle de mode. | | | |
| Je peux comprendre des personnes qui parlent de vente en magasin. | | | |
| **Écouter** | ☺ | 😐 | ☹ |
| Je peux comprendre une personne qui compare des produits. | | | |
| Je peux comprendre un interlocuteur qui cherche un produit. | | | |
| **Écrire** | ☺ | 😐 | ☹ |
| Je peux décrire de vêtements. | | | |
| Je peux écrire une phrase contenant une comparaison. | | | |
| **Parler** | ☺ | 😐 | ☹ |
| Je peux utiliser les noms de vêtements de façon précise. | | | |
| Je peux demander des informations sur le prix et la taille. | | | |
| Je peux exprimer une comparaison. | | | |

# UNIT 10 Our Environment

Cleanup day on the beach.

## SOMMAIRE

**TASK 1** : Savoir présenter un bilan

**TASK 2** : Dire ce qu'on va faire pour devenir « ville verte »

**TASK 3** : ***Be a sailor***

**Outils linguistiques :**
- *Le present perfect*
- Le futur
- Le futur des auxiliaires de modalité

**Outils lexicaux :**
- L'environnement
- La pollution
- Les animaux

**Que diriez-vous des objets suivants sur une plage ? Clean (C) or garbage (G) ? Propre ou détritus ?**

**a.** plastic bags (......) **b.** cigarette butts (......)

**c.** sand (......) **d.** sea water (......)

**e.** candy wrappers *(= papiers de bonbon)* (......)

**f.** tins *(= boites de conserves)* (......)

# Start the day

## Water and air pollution

**Replacez les mots suivants sur l'image.**

factory – chimney – smoke – nuclear plant – intensive farming – sewer – pesticides and fertilizers – petrol

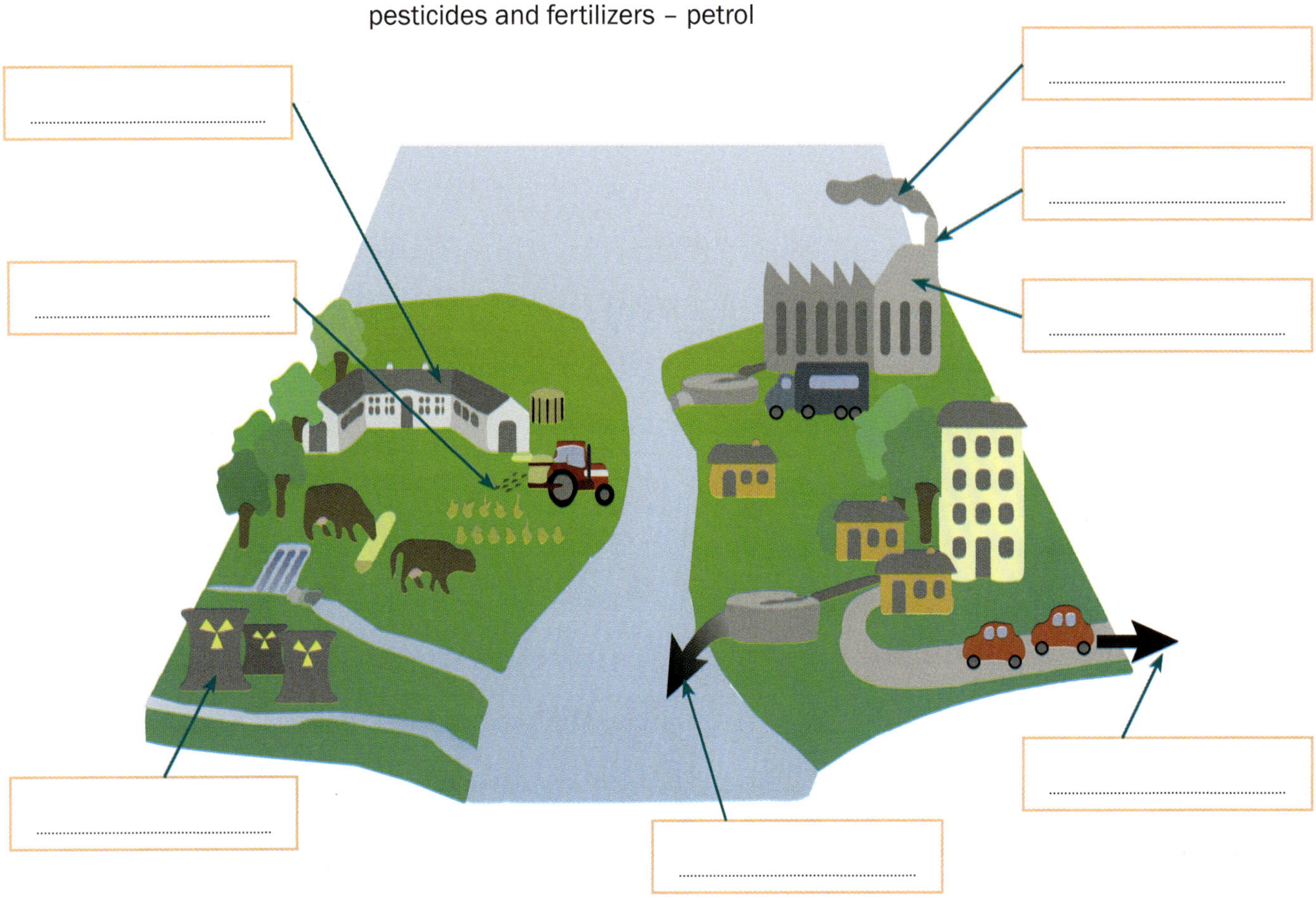

# Grammar

### Le *present perfect*

**Le *present perfect*** sert à exprimer un bilan de ce qui a été fait. Il n'est pas accompagné de date passée.

- **Formation**

Sujet + *have / has* + Verbe au participe passé (*-ed* ou la *3*e colonne des verbes irréguliers p. 159).

Ex. : *Men* ***have*** *consum****ed*** *resources.*

*The Sixth Mass Extinction* ***has begun****.*

- **Rappel :** le prétérit, lui, est accompagné d'une précision de temps passée.

Ex. : *Millions of years ago, many species* ***vanished****.*

**Mettez ces phrases au *present perfect*.**

**a.** I am preparing a petition.

..................................................

**b.** He is trying to find a solution.

..................................................

**c.** What are you doing?

..................................................

**d.** They don't answer my phone calls.

..................................................

**e.** The mayor doesn't think of recycling wastes.

..................................................

# In focus

## The Sixth Mass Extinction has begun!

CD2 Piste 23

Millions of years ago, many species vanished in five cataclysmic mass extinctions and the sixth mass extinction is in progress, now, with 10 to 25 species per year going extinct. The list of endangered species is growing fast. This alarming decline of biodiversity is the results of five major causes.

- **Habitat destruction:** high amounts of greenhouse gas emissions have induced climate change (these gases trap heat from the sun and cause global warming and ocean acidification). Species whose habitats have been destroyed need to find cooler places to live in. When they can't they go extinct.
- **Invasive/alien animal species** have displaced native species through predation, competition, and diseases.
- **Pollution.**
- **Human overpopulation:** at the end of October 2011, it surpassed 7 billion. Fifty percent of the planet's land mass has been transformed for human use.
- **Over-harvesting:** for thousands of years men have been hunting, fishing, and gathering food. They have consumed resources at voracious rates.

Extracts from endangeredspeciesinternational.org and biologicaldiversity.org

### Aide lexicale

to endanger = *mettre en danger*
to induce = *induire, provoquer*
to trap = *piéger*
heat = *chaleur*
a greenhouse = *une serre*
alien = *étranger*
a disease = *une maladie*
to harvest = *récolter*

**1. Expliquez le titre.**
Why is the present decline of biodiversity called "The Sixth Mass Extinction"?

……………………………………………………………………………………

**2. Entourez dans cette liste les mots-clés de l'article.**

extinction – cause – competition – global warming – overpopulation – endangered species – progress

**3. Répondez aux questions suivantes.**

**a.** What phenomenons have men caused that destroy species?

……………………………………………………………………………………

**b.** Are the humans the only creatures that endanger species?

……………………………………………………………………………………

**c.** Is human overpopulation positive or negative for biodiversity? Why or why not?

……………………………………………………………………………………

**d.** Which human activities have consumed resources?

……………………………………………………………………………………

**4. Retrouvez l'équivalent de ces mots dans l'article.**

**a.** éteint : …………… – **b.** résultat : …………… – **c.** déplacé : …………… – **d.** organismes : …………… – **e.** transformé : …………… – **f.** humain : …………… – **g.** ressources : …………… – **h.** vorace : …………… – **i.** alarmant : …………… – **j.** majeur : …………… – **k.** changement : …………… – **l.** progrès : ……………

# Action!!

CECRL : Savoir faire un bilan

## Rédiger une pétition

**You are fed up with the pollution in your town / area / country / river.**
**Write a petition to the mayor / a member of the government.**

**a.** Denounce what has been done until now.
**b.** List the good points if any.
**c.** Write a conclusion to ask him to stop all that.

**TIPS**

**Here are some ideas:**

- diesel vehicles / trucks / go through the town
- cars / park everywhere in town
- lots of factories (chimneys, smoke...)
- farmers → pesticides and fertilizers near → all around the town
- sewers → industrial wastes (= *déchets*)
- extinction of species
- diseases...

**7 words** to know CD2 Piste 24

a species, to vanish, to consume, to go extinct, to destroy, to induce, climate change

# UNIT 10

## Task 2

## Start the day — Wildlife in Cork City

### CORK HAS AN EXCEPTIONAL RANGE OF ANIMALS.

1

2

**Look around you and you'll see…**

> **colourful butterflies** flying from flower to flower.

> **hedgehogs** with their little black eyes: if they're afraid they'll roll into a ball.

> **foxes** with their triangular ears, clever eyes and bushy tails.

> **seals** in pursuit of fish in the River Lee.

> **amphibians** like **green frogs** or slow **toads**.

> **squirrels** jumping from branch to branch in the city parks.

> **bats** (in caves) but you won't see Batman, in Cork!!

8

7

3

4

5

6

**Grâce aux descriptions données dans l'article, retrouvez le nom des animaux sur les photos.**

**1** = ……………………

**2** = ……………………

**3** = ……………………

**4** = ……………………

**5** = ……………………

**6** = ……………………

**7** = ……………………

**8** = ……………………

### Aide lexicale

bush = *buisson*
moth = *papillon de nuit*
pond = *mare*
tail = *queue*
to raise = *élever*
even = *même*
still = *encore*
range = *diversité*
wildlife = *faune*

## Grammar

### Le futur

Pour parler d'un projet, on utilise : Sujet + ***Will*** + Verbe.

***Will*** est un auxiliaire : il porte donc la négation (*will* + *not* = ***won't***) et vient avant le sujet dans les questions.
Ex. : ***Will people need*** *a big garden? No,* ***they won't***.

**Remarque :** pour un événement situé dans un futur proche, on utilise : sujet+ ***be going to*** + Verbe.

■ **Remettez ces phrases dans l'ordre puis traduisez-les oralement.**

**a.** be / there / garden / will / butterflies / in / your / .

……………………

**b.** see / won't / elephants / Cork / in / you / .

……………………

**c.** be / thinks / will / John / it / fantastic / .

……………………

**d.** ? / balcony / what / their / will / people / flowers / put / on

……………………

## In focus

### New project in Cork

CD 2 Piste 25

**Listen to Patrick O'Connor, a radio reporter in Cork. Patrick is in Cork City, interviewing John Doyle who works for Cork City Council *(= la mairie de Cork)*.**

Cork City.

**1. Underline the animals John Doyle says you will see in Cork city.**

cats – bats – toads – foxes – seals – birds – horses – insects – squirrels – frogs – hedgehogs – butterflies

**2. Choisissez les propositions qui correspondent à ce que dit Doyle.**

**a.** If people participate in Doyle's project, they will:

❑ need a big garden. ❑ only need a balcony. ❑ protect Cork's fantastic biodiversity.

❑ visit parks and gardens. ❑ create gardens everywhere in town.

❑ give food and cover to children. ❑ give food and cover to wildlife.

**b.** If people recreate habitats for wildlife, the animals will:

❑ raise their young there. ❑ attack other animals. ❑ find more food.

**3. What will the next generations see if the people create gardens?**

..............................................................................................................................

## Pronunciation

CD 2 Piste 26

**Le son [i] de « *will* »**

**Écoutez les mots puis écrivez-les sur la ligne du son qu'ils contiennent : le son [i] de « *will* » ou le son [ai] de « *bye* ».**

| | a | b | c | d | e | f |
|---|---|---|---|---|---|---|
| **Son [i]** | | | | | | |
| **Son [ai]** | | | | | | |

## Pairwork

**Talk about Ireland.**

**You partner wants to visit Ireland and asks you questions about the possibilities there. Use the following elements:**

**Places:** lake – mountain – national park – Cork – pub

**Verbs:** see – do – meet – talk – listen – drink – taste

**Objects and people:** sheep *(= moutons)* – wild flowers – locals – musicians – Irish music – beer – good food – beautiful landscapes *(= paysages)* – old monuments – big rocks – ancient castles...

Ex. : *What will I see if I go to...? You'll see...*

# Action !!

CECRL : Savoir dire ce que l'on va faire

## Inciter à créer des espaces verts

**Cork City has organized a competition: "A Greener town". Explain what will happen if they create small gardens in town.**

TIPS

**Action**
- Wildflower patches
- Bushes
- Birdhouses
- Ponds *(= mares)*
- Exotic plants / native plants
- Grass lawn / native wildflowers
- Chemical pesticides / fertilizers / compost

**Consequences**
- Butterflies and moths
- Small mammals
- Amphibians (frogs / toads) and fish
- Pollinators
- All species including insects
- Less greenhouse gas (lawnmowers use petrol)

**Verbs you can use:**
- replace
- build
- create
- attract
- use
- avoid
- live there

| Action | Consequences |
|---|---|
| *If you create wildflower patches* | *butterflies and moths will come.* |
| | |
| | |
| | |
| | |
| | |
| | |
| | |
| … | |

**7 words to know** CD2 Piste 27

still, to create, wild, life, goal, to attract, to raise

# Jobtrotter in... Ireland

**Objectif** Savoir exprimer ses motivations

## Samy's word

**Hi there! I'm in Ireland for the moment. I'm going to see if I can work aboard a ship working for the Irish Marine institute. I hope it will work!**

## The Celtic Voyager

CD2 Piste 28

The International Marine Summer School (IMSS) is based in the historic and cultural maritime cities of Galway and Cork.

During two-day intensive ship-based training courses participants have the opportunity to gain practical experience in carrying out marine science research offshore.

Next summer our course students will have to map the historic wreck of the Lusitania and they will monitor Marine Protected Areas. At the end of the course they will be able to plan and execute a multidisciplinary marine science research survey.

Surveys are conducted aboard the National Research Vessel, the RV Celtic Voyager. It undertakes a wide range of surveys annually including fisheries, hydrological, geological, environmental and training surveys. The RV Celtic Voyager also plays a central role in the deployment and maintenance of the network of data buoys around Ireland.

The vessel is manned by an experienced crew who are skilled with the handling of the scientific equipment.

**Job offers: Assistant Steward – Bosun (Deck Officer) – Deck hands**

### Aide lexicale

manned = *équipé*
offshore = *au large*
to carry out = *mener à bien*
a wreck = *une épave*
a network = *un réseau*
a fishery = *une pêcherie, un espace de pêche*
a buoy = *une bouée*
to undertake = *entreprendre*
a deck = *pont*
handling = *le maniement*

## Grammar

### Le futur des auxiliaires de modalité

On ne peut pas avoir deux auxiliaires dans le même groupe verbal. C'est pourquoi, au futur :
- *must* → ***will have to*** ;
- *can* → ***will be able to.***

Ex. : *The students* ***will have to*** *conduct offshore surveys.* (= ils devront...)
*They* ***will be able to*** *plan a survey.* (= ils pourront...)

**■ Mettez ces phrases au futur avec *will*.**

**a.** The bosun can find solutions.

..........................................................................................

**b.** You must obey the officers.

..........................................................................................

**c.** This deckhand can't work alone.

..........................................................................................

**d.** The students must prepare their survey.

..........................................................................................

## Task 3

**1. Associez les cinq questions suivantes aux cinq paragraphes du texte de l'annonce.**

**a.** What are the missions of the Celtic Voyager? > Paragraph N. ..........

**b.** What do students learn on the Celtic Voyager? > Paragraph N. ..........

**c.** What will students do during their course this year? > Paragraph N. ..........

**d.** What about the skills of the crew aboard the Celtic Voyager? > Paragraph N. ..........

**e.** Who does the RV Celtic Voyager work for? > Paragraph N. ..........

**2. Right or wrong?**

**a.** The IMSS is an Irish school. ❑ Right ❑ Wrong

**b.** Next year students will be able to conduct a survey on historic cities. ❑ Right ❑ Wrong

**c.** The Lusitania and the Celtic Voyager are ships. ❑ Right ❑ Wrong

**d.** The Celtic Voyager is only used for training students. ❑ Right ❑ Wrong

**e.** Among the crew members there are deckhands, stewards, butchers and officers. ❑ Right ❑ Wrong

**3. Answer these questions.**

**a.** What will the students will have to do during the course? (two things)

**b.** What will the students be able to do after the course?

### Assistant Steward

**Job Description:**

**Stewards / stewardess and their assistants will be responsible for security (lighting, checks of doors).**

- They will be in charge of food service, cabin service and interior maintenance.
- They will be able to set a proper table, to fold napkins properly* (**plier des serviettes*).
- They will have to be precise, energetic and discreet.

## Action!!

**Be a sailor**

**You want to join the crew of the RV Celtic Voyager. Write an email to apply for one of the two jobs.**

### Deckhand

Job Description:

**The deckhand will carry out his / her duties and responsibilities under the direction and authority of the Captain and the Deck officers.**

- He / she will stand watches* (**monter la garde*).
- He / she will keep the ship clean and neat.
- He / she will have to know about safety.
- He / she will assisting with embarking provisions and supplies* (**approvisionnement*) aboard.
- He / she will try and learn to be a good seaman.

**a.** Say what jobs you've done before, what experiences you've had.

**b.** Explain what you've learnt and how it will help you for the job.

**c.** Show that you've understood what you'll have to do.

**d.** Conclude saying what you hope you'll find aboard.

**7 words** to know CD 2 Piste 29

aboard, a ship, a wreck, offshore, to monitor, deck, network

# Extra Training

## 1. Utilisez les éléments suivants pour faire des questions/réponses sur le prochain week-end.

Ex. : *Is Greg going to listen to music? No, he isn't.*

**a.** do some gardening / John / Yes

..............................................................................................................

**b.** meet friends / Ann and Dan / Yes

..............................................................................................................

**c.** visit Cork / You / No

..............................................................................................................

**d.** go to the restaurant / Sasha / No

..............................................................................................................

## 2. Transformez ces phrases en utilisant *be going to* puis traduisez-les oralement.

**a.** Geoffrey is growing wildflowers.

..............................................................................................................

**b.** Jared and Geoffrey are preparing the ground.

..............................................................................................................

**c.** Birds are coming.

..............................................................................................................

**d.** We don't create big bushes and ponds.

..............................................................................................................

## 3. Match the two columns to make complete sentences.

| | |
|---|---|
| **a.** If cars pollute too much • | • **1.** fish will not survive. |
| **b.** If oceans are not protected • | • **2.** rare flowers like orchids will die. |
| **c.** If the sea level rises • | • **3.** men won't have medicine. |
| **d.** If rivers are polluted • | • **4.** air will be toxic. |
| **e.** If flowers disappear • | • **5.** coastal plants will disappear. |
| **f.** If tropical forests disappear • | • **6.** coral will die. |
| **g.** If medicinal plants disappear • | • **7.** butterflies will die. |

**4.** **Retrouvez dans cette liste le mot qui manque dans chaque phrase :**
***aboard – attract – climate change – consume – offshore – wild – wrecks***

**a.** .................................... is partly due to high amounts of greenhouse gas emissions.

**b.** Undersea explorers sometimes find treasures in .................................... .

**c.** We welcome all the passengers .................................... the Celtic Voyager!

**d.** A city like Cork can .................................... tourists thanks to its biodiversity.

**e.** The Energy Industry has platforms, pipelines and big .................................... installations.

**5.** **Entendez-vous le son [i] de *will* ou bien un son différent.**
**Écrivez le mot dans la bonne case.** CD 2 Piste 30

| | a | b | c | d | e | f | g | h |
|---|---|---|---|---|---|---|---|---|
| **Son [i]** | | | | | | | | |
| **Son différent** | | | | | | | | |

**6.** **Ces phrases sont-elles au présent ou au futur ?**
**Cochez la bonne case.** CD 2 Piste 31

| | a | b | c | d | e | f | g | h |
|---|---|---|---|---|---|---|---|---|
| **Présent** | | | | | | | | |
| **Futur** | | | | | | | | |

**7.** **Répondez aux questions oralement.**

**a.** What's the name of the association that has made this poster?
**b.** What is the name of the Park they want to protect?
**c.** If builders drain *(= assécher)* the wetlands *(= les marécages)* in the park what can happen to the frogs?
**d.** Does the association want to banish golf?
**e.** What is the consequence of playing golf in that park?
**f.** What does the association ask golf players to do?
**g.** What's the nationality of this association?
**h.** Do they have a website?
**i.** How many frogs can you see in the poster?
**j.** Why did they choose green and yellow for this poster?

# Evaluation

## COMPRÉHENSION ÉCRITE

**1. Complétez cette grille de mots croisés.**

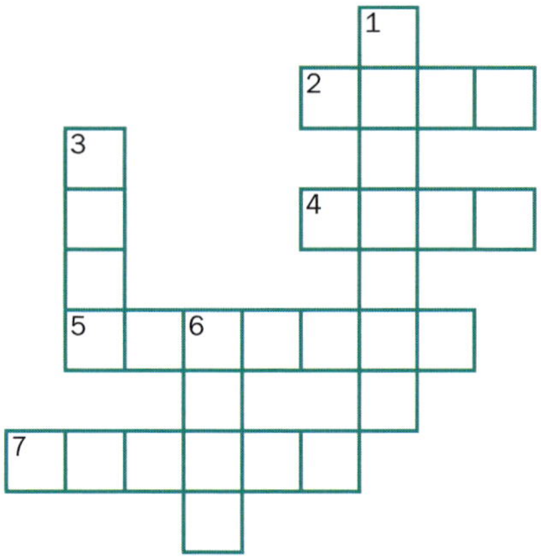


**Across**
2. A synonym of “an objective”.
4. The opposite of “death”.
5. The opposite of “create”.
7. A synonym of “disappear”.
**Down**
1. A verb meaning “to control”.
3. The opposite of “civilized”.
6. A synonym of “boat” or “vessel”.

**2. *Present perfect* ou prétérit ? Conjuguez le verbe entre parenthèses au temps qui convient.**

**a.** Scientists (make) .................................. an important discovery.

**b.** Millions of years ago many species (vanish) ..................................

**c.** Men (transform) .................................. the planet.

**d.** The list of endangered species (grow) .................................. longer.

**e.** Yesterday I (read) .................................. a survey on the subject.

**3. Il y a du bruit. Posez les questions sur ce que vous n'avez pas entendu.**

**a.** They haven't accepted because xxxx .

> ..................................................................?

**b.** They'll meet two important people xxxx and xxxx.

> ..................................................................?

**c.** They'll conduct their survey in xxxx or May.

> ..................................................................?

**d.** Next year, we'll go to xxxx > ..................................?

**e.** I have finished xxxx > ..................................?

## EXPRESSION ÉCRITE

**4. Entourez la bonne réponse.**

**a.** Vous voulez savoir ce que vous allez devoir faire. Vous demandez :
1. What will I have to do?
2. What will I be able to do?

**b.** Vous voulez dire que les amphibiens sont une espèce bizarre Vous dites :
1. Amphibians are strange species.
2. Amphibians are a strange species.

**c.** Vous voulez savoir si les grenouilles élèvent leurs petits. Vous demandez :
1. Do frogs raise their young?
2. Do frogs get smaller?

**d.** Vous voulez indiquer que le matelot devra obéir aux ordres. Vous dites :
1. The deckhand will have to obey orders.
2. The bosun will have to obey orders.

**e.** Vous voulez dire que vous téléphonerez si vous avez le temps. Vous dites :
1. I'll phone if I have time.
2. I'll phone so I have time.

## COMPRÉHENSION ORALE

**CD2 Piste 32**

**5. Dans les phrases suivantes, entendez-vous un verbe au futur ou au *present perfect* ? Cochez la case qui convient.**

| | a | b | c | d | e | f | g |
|---|---|---|---|---|---|---|---|
| **Futur** | | | | | | | |
| ***Present perfect*** | | | | | | | |

## Stop wasting water

CD2 Piste 33

If every Irish home reduce their hot water use by just 5%, the carbon dioxide saving will be equivalent to taking more than 80,000 cars off the roads! Using water, especially hot water, uses energy and increases emissions of greenhouse gases which contributes to climate change.

However saving water can reduce your water bill, reduce the impact on your local environment, and reduce carbon dioxide emissions by using less energy to pump, heat and treat the water.

The average person in Ireland uses 150 litres of water a day. Most of this water is used for washing and toilet flushing, but it also includes drinking, cooking, car washing and watering the garden. We use almost 50 per cent more water than 25 years ago, partly because of showers and household appliances. Take action!

Extract from savingwaterireland.com

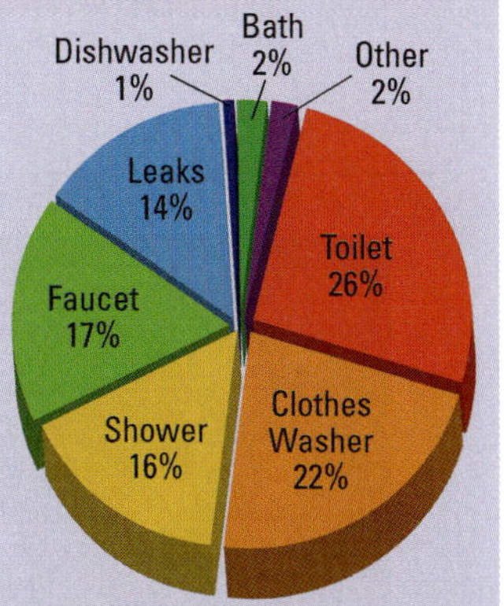


Water usage in Ireland

to save = *économiser* – bill = *facture* – to increase = *augmenter* – average = *moyen* – *household appliance* = appareil domestique – *to waste* = gâcher – *faucet*= robinet – *leak* = *fuite*

**1. Choisissez la (les) réponse(s) qui correspond(ent) aux documents.**

**a.** The document is about how to: ❑ use more water. ❑ drink water. ❑ use less water.

**b.** They say that using water: ❑ has ❑ doesn't have an impact on the environment.

**c.** Using water: ❑ emits carbon dioxide. ❑ contributes to climate change. ❑ reduces the bill.

**d.** Now, we use: ❑ more ❑ less... water than before.

**e.** Irish people use about 150 litres a day because ❑ they drink a lot. ❑ they cook a lot. ❑ they wash a lot.

**2. Étudiez le diagramme.**

**a.** This diagram is: ❑ a tree diagram. ❑ a function graph. ❑ a 3D pie chart.

**b.** It shows: ❑ the number of machines that use water. ❑ the percentage of water used at home by different devices. ❑ the litres used by different devices.

**c.** In which room do people use more water? ..........

**d.** Which household appliance uses less water than others ? ..........

**e.** Why is it important to stop leaks quickly? ..........

**3. Retrouvez dans le texte l'équivalent anglais de chacun de ces verbes.**

**a.** réduire = ..........
**b.** pomper = ..........
**c.** chauffer = ..........
**d.** traiter = ..........
**e.** arroser = ..........
**f.** réaliser = ..........
**g.** contribuer = ..........
**h.** tirer la chasse = ..........

**React !!**

**About the text. 1.** Does this situation only exist in Ireland? What about France?

**Go further.**

**2.** Have you already tried to save water, electricity, food, energy? What have you done?

**3.** Do you think saving energy and resources will be necessary in the years to come? Why?

**4.** If it becomes necessary what will you do to save more water, energy, etc?

**7 words to know**

CD2 Piste 34

to save
to waste
to contribute to
to water
to reduce
a leak
however

# Web Activity

ENGLISH Attack!
www.english-attack.com

**Now revise words related to nature and environment: do the activities in the Photo Vocab "Environmentalism".**

**Before going to the website**
**These four words are in the Photo Vocab. Can you find them? Reorder the letters.**

1. SEESPIC: ..........
2. TOONPILUL: ..........
3. SOFTER: ..........
4. PAINTOPLOU: ..........

# PORTFOLIO

| Lire | ☺ | 😐 | ☹ |
| --- | --- | --- | --- |
| Je peux comprendre un texte qui parle d'environnement. | | | |
| Je peux comprendre la description d'un projet. | | | |
| **Écouter** | ☺ | 😐 | ☹ |
| Je peux comprendre une personne qui parle de projets. | | | |
| Je peux différencier une phrase au passé d'une phrase au futur. | | | |
| **Écrire** | ☺ | 😐 | ☹ |
| Je peux écrire une pétition. | | | |
| Je peux décrire une action future. | | | |
| Je peux écrire une courte lettre de motivation. | | | |
| **Parler** | ☺ | 😐 | ☹ |
| Je peux parler d'espèces en danger. | | | |
| Je peux décrire un changement. | | | |
| Je peux parler de ce que je prévois de faire | | | |

# UNIT 11 Cook & Serve

Jamie Oliver, the most famous chef in Great-Britain.

## SOMMAIRE

**LESSON 1** : Savoir décrire ce qu'on veut faire et faire faire

**LESSON 2** : Comprendre et expliquer ce qu'on attend de nous

**LESSON 3** : ***Be a waiter***

**Outils linguistiques :**
- Les verbes de volonté
- Impératif : ordres et interdiction
- *So / neither*

**Outils lexicaux :**
- La nourriture
- L'accueil
- Le service

**Que montre la photographie ? Cochez les bonnes propositions.**

This photo shows that...

- ❑ Jamie Oliver enjoys preparing meals.
- ❑ he is a British chef.
- ❑ he uses fresh products when he does the cooking.
- ❑ he has his own line of products.
- ❑ preparing spaghetti can be culinary art.

# Start the day

## Your shopping list on your smartphone

**1. Replacez ces mots sur l'image.**

- pineapple
- apples
- grapes
- wine
- bread
- salad
- beef
- chicken
- cheese
- milk
- fish

**2. Complétez votre liste de shopping par rayon.**

Fruit: ..........

Vegetables: ..........

Bakery: ..........

Meat & seafood: ..........

Dairy products: ..........

Drinks: ..........

# Grammar

### Construction des verbes de volonté

- Une personne est impliquée :

Sujet + **Want to** + Verbe

Ex. : *I* ***want to*** *prepare a recipe.*

- Deux personnes sont impliquées (le sujet 1 fait pression sur le sujet 2).

Sujet 1 + **Want to** + Sujet 2 + **To** ou **Not to** + Verbe

Ex. : *You* ***want your guests to*** *try something new. I* ***want you not to*** *go out.*

**Remarque :** si le sujet 2 est un pronom, il sera à la forme complément.

Ex. : *You* ***want them to*** *try something new.*

Autres verbes au fonctionnement semblable : ***would like, ask, tell.***

**■ Remettez les phrases suivantes dans l'ordre.**

**a.** to / wants / Korean / the / journalist / readers / try / food / .

..........

**b.** wants / table / decorate / to / he / them / their / .

..........

**c.** want / why / meat / me / to / do / eat / you / ?

..........

**d.** I / you / publish / recipe / would / like / this / to / .

..........

## In focus

### Namul in Brighton

CD2 Piste 35

There's a small restaurant I like in Brighton: Namul. It's Korean and their food is fabulous! Now, if you have guests and you want them to try something new, why not try Korean food? Here is a delicious recipe from the chef at Binari: fried beef, along with aubergine, beans and chives. You can serve it with a salad and savory sweet and sour dressing. Even people who don't usually like salads with raw vegetables (cabbage, onions…) will enjoy this dish. And the special dressing perfectly matches the vegetables. If you want to use other vegetables you can use lettuce, cucumber, etc. I'm sure your guests will ask you to give them your recipe.

And if you want your table setting to look great, you can take leaves, vegetables, fruit or berries to decorate the table, with some cool tablecloth and napkins.

Adapted from pinterest.com

a recipe = *une recette* – Beans = *haricots* – chives = *ciboulette* – sweet and sour = *aigre-doux* – raw = *cru* – a dish = *un plat* – to set the table = *mettre la table* – a leaf = *une feuille* – a berry = *une baie* – a napkin = *une serviette*

The staff at Namul.

**1. Cochez la proposition qui correspond à ce qui est dit dans l'article.**

**a.** This article is about some: ❑ African food ❑ Asian Food ❑ British food.

**b.** Binari is: ❑ a fast food restaurant ❑ a good Korean restaurant ❑ a strange Korean restaurant.

**c.** The journalist wants readers: ❑ to prepare a special meal for Christmas ❑ to prepare a nice recipe and a nice decoration ❑ to eat raw meat.

**2. Répondez à ces questions sur le plat et la table mentionnés dans l'article.**

**a.** What meat and vegetables are used in this recipe?

……………………………………………………………………………………………

**b.** What other raw ingredients can you use? ……………………………………………

**c.** What sort of a sauce accompanies the dish?

……………………………………………………………………………………………

**d.** How does the journalist suggest to decorate the table? Is it a good idea? Why or why not?

……………………………………………………………………………………………

**3. Retrouvez le sens des mots suivants dans l'article, en vous aidant du contexte si besoin.**

**a.** fried: *frais – frit – froid*

**b.** savory: *savoureux – Savoyard – serveuse*

**c.** cabbage: *crème – soupe – chou*

**d.** matches: *allumettes – match de foot – aller avec*

**e.** tablecloth: *pied de table – table de chevet – nappe*

# Action!!

CECRL : Savoir décrire ce qu'on veut faire et faire faire

## Créer et présenter un plat spécial

**Participate in the competition: work in groups, note down what dish you're going to prepare and what with, and write what DELIMEAT wants you to say. Then present your project to the class, who will vote for a winner.**

### COME PARTICIPATE IN OUR COMPETITION!

Imagine what you can serve with our delicious meat and win an opportunity to present your recipe on TV.

In ten lines say which meat you want to cook, what you want to present it with (vegetables / fruit / cheese), what spices you want to add, how you would like to present the dish, what you want the customers to think, to feel and to taste.

**4 competitions:** beef / pork / chicken / mutton

**SUBMIT YOUR RECIPE TO:**
DELIMEAT, 52 West St., Brighton.

British burger with blue stilton cheese and onions.

Platter of kebabs: spiced lamb kofte kebabs, chicken and chorizo kebabs, sweet chili, sausage kebabs, halloumi kebabs.

US Indian chicken salad with quinoa, kamut grains.

**7 words to know** CD 2 Piste 36

dish, raw, savory, food, recipe, to set the table, vegetables

# Start the day

## A new restaurant in town

**Stan and his staff hope to welcome you at "the Swan", a new restaurant in Brighton.**

**1. Associez chaque personne à son métier.**
sommelier – waiter / waitress – cook – receptionist – manager

Nelly: ............................................ Jim: ............................................

John: ............................................ Mary: ............................................

Stan: ............................................

**2. Associez chaque personne à son activité.**
serve customers – welcome customers and note down reservations – prepare meals – rule the restaurant – help customers choose the right wine with their meal

| | |
|---|---|
| Nelly | |
| John | |
| Stan | |
| Jim | |
| Mary | |

# Grammar

**L'impératif : ordres et interdictions**

- **Ordre** = base verbale
Ex. : *Always* ***wear*** *a uniform!*
- **Interdiction** = ***Don't*** + base verbale.
Ex. : ***Don't be*** *late!*
- Pour s'impliquer dans l'action, on utilise :
***Let's*** + base verbale.
Ex. : ***Let's start!*** (= Commençons!)

■ **Associez l'ordre à la situation en les reliant par un trait.**

| Ordres | Situations |
|---|---|
| **1.** Be careful! • | • **a.** Your friends are leaving the house. |
| **2.** Don't make noise! • | • **b.** A baby is sleeping. |
| **3.** Wait for me! • | • **c.** You're at the restaurant with friends. |
| **4.** Let's look at the menu! • | • **d.** This plate is very hot. |

# In focus

CD 2 Piste 37

## Welcome the customers

**Listen to Hilary Jones, a radio reporter in Brighton. This morning Hilary is with Stan who runs "The Swan". Stan is going to answer some listeners' questions about welcoming customers in a restaurant.**

**Tick what Stan tells John to do.**

- ❑ Always wear a uniform.
- ❑ Take his dirty uniform to reception.
- ❑ Have his name tag on the uniform pocket.
- ❑ Shine his shoes every day.
- ❑ Be on time.
- ❑ Wear a white shirt.
- ❑ Be polite and smile at all times.
- ❑ Keep cool.
- ❑ Buy a phone for work.
- ❑ Never talk to the customers.
- ❑ Be ready to help.

Brighton beach.

### Aide lexicale

a listener = *un auditeur*
a laundry = *une blanchisserie*
a tag = *une étiquette*
to shine = *(faire) briller*
a tip = *un pourboire.*

## Pronunciation

CD 2 Piste 38

**L'intonation des ordres**

**1. À la fin de chaque ordre l'intonation monte-t-elle ⬀ ou descend-elle ⬃?**

**a.** ..............................

**b.** ..............................

**c.** ..............................

**d.** ..............................

**e.** ..............................

**f.** ..............................

**2. Répétez les ordres à haute voix en respectant l'intonation.**

## Speak up!

**Give orders about fire evacuation.**
Here is a fire evacuation poster. What orders can you give the new employee?
**You can use these words:**

**Verbs:**
- evacuate
- check
- follow
- stop
- take
- walk
- re-enter
- use
- remain
- wait

**Nouns:**
- lifts
- building
- doors
- rules
- working
- the exit staircase

**Adverbs:**
- calmly
- quickly
- immediately

# Action !!

CECRL : Comprendre et expliquer ce qu'on attend de nous

## Accueillir un nouvel employé

**Pairwork. You work for Stan. A new employee arrives. Tell him what he will have to do in the following situations:**

**a.** When he meets the different staff members.

**b.** When customers phone to make a reservation.

**c.** When customers arrive.

**d.** When they sit down.

**e.** When they are ready to pay.

**f.** When they go out.

**g.** If the fire alarm rings.

**TIPS**

**Useful word and expressions:**
- to greet people
- a menu
- introduce yourself
- to interrupt
- to treat with respect
- to pay attention to special needs
- to make eye contact
- to push/pull a chair
- to accompany
- to show

**7 words to know** CD 2 Piste 39

on time, tip, waiter, to make a reservation, wine, rule, to smile

# Samy's word

**I am staying in Brighton for a week and I'm going to replace a waiter in a small restaurant on the seafront. Before working there I read comments on the Web about seafood restaurants.**

# Jobtrotter in... Brighton

**Objectif** Savoir prendre une commande

## *Brighton seafood restaurants*

CD 2 Piste 40

**DARCY'S SEAFOOD** A pity we didn't read the comments before we sat down to order. The food was poor and the waitress was horrible: she joined in a private conversation, poured the whole bottle of wine into our glasses (spilling some on my knees) and she even dipped her finger into the tartar sauce to taste it. Be kind to yourself and go to another of the many nice restaurants in Brighton!

**DRAKES** My wife and I had a lovely meal in this restaurant in Brighton. I loved the place and so did my wife. The staff were really friendly and helpful! The food was great and so was the wine. The dishes showed the skill of the chef: we had mussels and the special : oysters, served warm with a tomato sauce and salty bacon. I really enjoyed the English wine we had with our course of oysters. I didn't try any dessert though and neither did my wife. We definitely recommend this restaurant.

Adapted from www.brighton-eating.com

### Aide lexicale

a pity = *dommage*
to order = *commander*
to pour = *verser*
whole = *complet*
to spill = *renverser*
to dip = *tremper*
to taste = *goûter*
kind = *gentil*
skill = *savoir-faire*
special = *menu du jour*
a mussel = *une moule*
an oyster = *une huître*

# Grammar

### *So / neither* : les similitudes

Pour décrire des situations semblables, on utilise **so** ou **neither** + reprise d'auxiliaire (**do / did** s'il n'y a pas d'auxiliaire dans l'énoncé d'origine).

- **Énoncé d'origine affirmatif : so**
Ex. : *The food was great and* ***so was*** *the wine.* (= le vin aussi).
- **Énoncé d'origine négatif : neither**
Ex. : *I didn't try any dessert though and* ***neither did*** *my wife.* (= ma femme non plus).

■ **Amy et Eliott sont du même avis. Complétez ce que dit Eliott.**

**a.** Amy: I must try this dish!
Elliott: ..........

**b.** Amy: I can't eat this.
Elliott: ..........

**c.** Amy: I think this wine is great.
Elliott: ..........

**d.** Amy: I don't like this sauce.
Elliott: ..........

**1. Complétez les phrases.**

**a.** The comments are about two ……………………: …………………… and …………………… .

**b.** The customers give their opinion about the quality of …………………… and the attitude of the …………………… .

**c.** Finally they say if they …………………… the restaurant or not.

**2. Comparez les deux endroits.**

| | **Restaurant 1** | **Restaurant 2** |
|---|---|---|
| **What the people ate?** | …………………… | …………………… |
| **What the people drank?** | …………………… | …………………… |
| **The waiters and the chef?** | …………………… | …………………… |
| **Opinion** | positive? negative?<br>Quote: …………………… | positive? negative?<br>Quote: …………………… |

**3. Analysez le comportement de la serveuse dans le restaurant Darcy's.**

**a.** How many mistakes did she make? ……………………

**b.** Was it: ❑ stupid ❑ bad manners ❑ disgusting? Why?

## Action!!

**Be a waiter** CD2 Piste 41

**You're working at a restaurant in Brighton. Listen to these customers and note down what they order.**

| | **Customer 1** | **Customer 2** | **Customer 3** | **Customer 4** |
|---|---|---|---|---|
| **Starters** | | | | |
| **Main course (+ description)** | | | | |
| **Dessert** | | | | |
| **Coffee?** | | | | |

**7 words to know** CD2 Piste 42

a pity, to order, to pour, course, to dip, to taste, skill

# Entraînement au CCF

## Situation A — COMPRÉHENSION ÉCRITE — EXPRESSION ÉCRITE

### Dublin Zoo

Dublin Zoo is one of the oldest zoos in the world: the first giraffe arrived in 1844 and the first pair of lions arrived in 1855. Reptiles got their own house in 1876. The zoo has gone through an impressive metamorphosis over the last ten years: they have restored the 19th century buildings and recently they have added a new habitat for the zoo's Asian elephants.

There were severe problems during World War II, but the zoo has survived and now has around 650 animals and birds from all over the globe. The staff works in partnership with zoos worldwide. For years now, they have contributed to the conservation of rare species, they have promoted the importance of animal habitat protection and they have played a vital role in endangered species breeding programmes.

Adapted from *phoenixpark.ie*

**Répondez en anglais aux questions suivantes (10 x 2 points)**

**1.** Is Dublin zoo a recent zoo?
**2.** Which animals arrived at the zoo in the 19th century?
**3.** Has the zoo changed?
**4.** What have they repaired?
**5.** What new building have they created recently?
**6.** When did the zoo have problems?
**7.** Are there more than 500 animals and birds at the Dublin zoo?
**8.** Where do the animals in the zoo come from?
**9.** Who does the staff work with?
**10.** What species has the zoo protected? (2 answers)

## Situation B — COMPRÉHENSION ORALE

### More tips for waiters — CD 2 Piste 43

**Répondez en français aux questions suivantes.**
**Vous pouvez écouter l'enregistrement 3 fois. (10 x 2 points)**

**1.** Que fait Steve ?
**2.** Où travaille-t-il ?
**3.** Quelle est la question du jour ?
**4.** Qui a posé la question à Steve ?
**5.** Quel est le premier conseil de Steve ?
**6.** Quelle réaction ont les clients vis-à-vis d'un serveur aimable ?
**7.** Quel odeur est à éviter quand on est serveur ?
**8.** Qu'est-ce qu'un serveur doit anticiper ?
**9.** Quand Steve conseille-t-il d'apporter du ketchup/des serviettes en plus avec du citron ?
**10.** À qui un serveur doit-il s'adresser en premier lors de la prise des commandes ?

# Passerelle

## The reputation of British food

CD2 Piste 44

British food has a bad reputation but some British traditional dishes are famous all around the world!

Let's start with a hit: Fish and chips. It's very popular in England. It's a takeaway[1] dish usually accompanied by salt and vinegar. English breakfast is a reference too: a cup of tea, bacon and eggs, sausages, some fruit juice… and we all know, by name, Christmas Pudding.

British cuisine is also diverse: this is due to the nation's former[2] empire and a strong colonial presence. Indian food is a good example with its traditional Curry or Tandoori chicken.

The British are now really interested in food and gastronomy and newspapers a culinary revolution in the United Kingdom:

– there are over 100 cooking shows on British telly with three channels[3] devoted[4] exclusively to food.

– the Food Lovers' Guide to Britain has had two editions in the last ten years.

– London has about a dozen farmers' markets and for famous chefs it is the restaurant capital of the world.

Nevertheless[5], when speaking of gastronomy culinary critics even the British ones still refer to France and "Bon appétit!" doesn't have an equivalent in English!

1. a takeaway = *un plat à emporter*
2. former = *ancien*
3. a channel = *une chaîne*
4. devoted = *dédié*
5. nevertheless = *néanmoins*

**1. Vrai ou faux ? Justifiez vos réponses en citant l'article.**

**a.** Most people think British food is a reference. ..........

**b.** There's an Indian influence in modern British cuisine. ..........

**c.** There's a political revolution in England. ..........

**d.** Christmas Pudding is famous. ..........

**e.** The British have vinegar with their chips. ..........

**f.** There are no cooking programs on TV. ..........

**g.** English Breakfast and European Breakfast are the same. ..........

**h.** The Food Lovers' Guide is a TV journalist who prepares recipes. ..........

**i.** Dozens of farmers live in London. ..........

**j.** French cuisine is still a reference. ..........

**2. Traduisez oralement ces expressions extraites de l'article.**

**a.** Let's start with a hit **b.** All around the world **c.** The restaurant capital of the world

### 7 words to know

CD2 Piste 45

- a farmer
- channel
- world
- a takeaway
- devoted to
- a hit
- to announce

### React!!

**About the text. 1.** What do you think of British cuisine? Have you tried it? Can you give precise examples?

**Go further. 2.** Do you think French cuisine is better than others? Why or why not?
**3.** What is your favourite dish or recipe? Explain it to the class.

ENGLISH Attack!
www.english-attack.com

# Web Activity

**Gary Rhodes is a famous British chef who participates in TV programmes. He explains one of his recipes in this video entitled "Gary Rhodes: Cheese and Vegetables Quiche".**

**Before watching the video**

**1. What three ingredients in this list do you think Gary Rhodes is not going to use? Cross them.**

| | | |
|---|---|---|
| ❑ coffee | ❑ apples | ❑ salt |
| ❑ butter | ❑ onion | ❑ fish |
| ❑ eggs | ❑ gruyere | ❑ pepper |
| ❑ cream | ❑ sugar | |

**After watching the video**

**2. Can you remember how Gary Rhodes has prepared his quiche?**

## PORTFOLIO

| **Lire** | ☺ | 😐 | ☹ |
|---|---|---|---|
| Je peux comprendre la description d'un repas. | | | |
| Je peux comprendre les avis d'internautes sur des restaurants. | | | |
| **Écouter** | ☺ | 😐 | ☹ |
| Je peux comprendre une personne qui décrit le travail dans un restaurant. | | | |
| Je peux comprendre des ordres. | | | |
| Je peux prendre une commande. | | | |
| **Écrire** | ☺ | 😐 | ☹ |
| Je peux écrire un ordre et une interdiction. | | | |
| Je peux prendre des notes. | | | |
| **Parler** | ☺ | 😐 | ☹ |
| Je peux parler de nourriture. | | | |
| Je peux décrire ce que je veux ou ce que quelqu'un d'autre veut. | | | |

# UNIT 12 At The Hospital

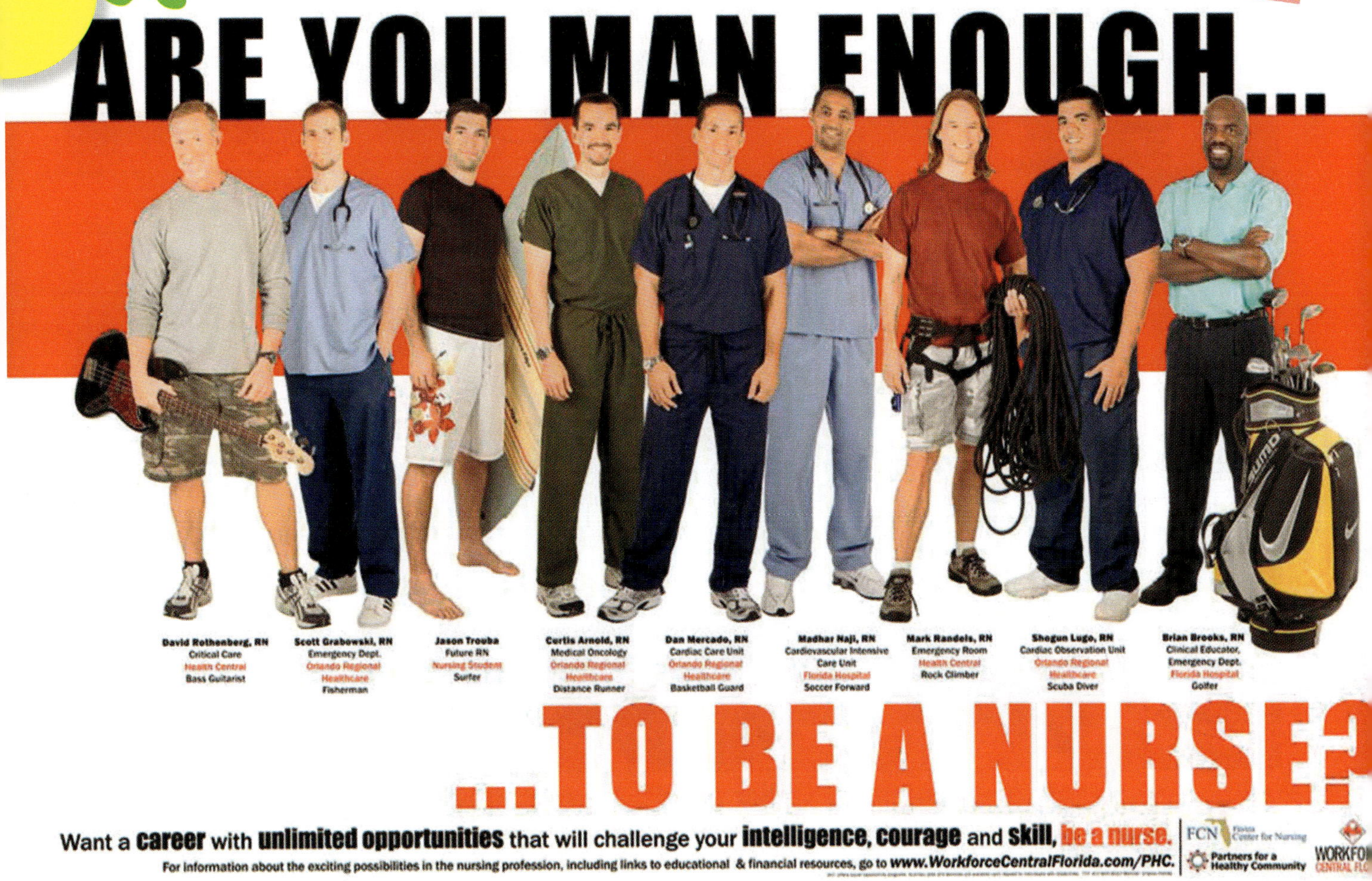


Advertising campaign to promote nursing jobs.

## SOMMAIRE

**LESSON 1** : Savoir formuler des hypothèses

**LESSON 2** : Savoir donner des conseils

**LESSON 3** : ***Be a support worker***

**Outils linguistiques :**
- Formuler des hypothèses
- Savoir donner des conseils
- Le verbe après une préposition

**Outils lexicaux :**
- La santé
- Les soins

***Right or wrong?*** **Entourez la bonne réponse.**

**a.** This poster advertises for sport in hospitals. Right / Wrong

**b.** Hospitals want more women to apply for nurses jobs. Right / Wrong

**c.** The men on the poster work in hospitals and practice sport too. Right / Wrong

**d.** Two men don't practice a sport. Right / Wrong

**e.** This poster insists on the qualities of nurses. Right / Wrong

## Start the day

### Saving lives at Cardiff Hospital

**À quels numéros sur l'image correspondent les mots suivants ?**
surgeon – instruments – screen – surgical gloves – medical scrubs – surgeon's assistant

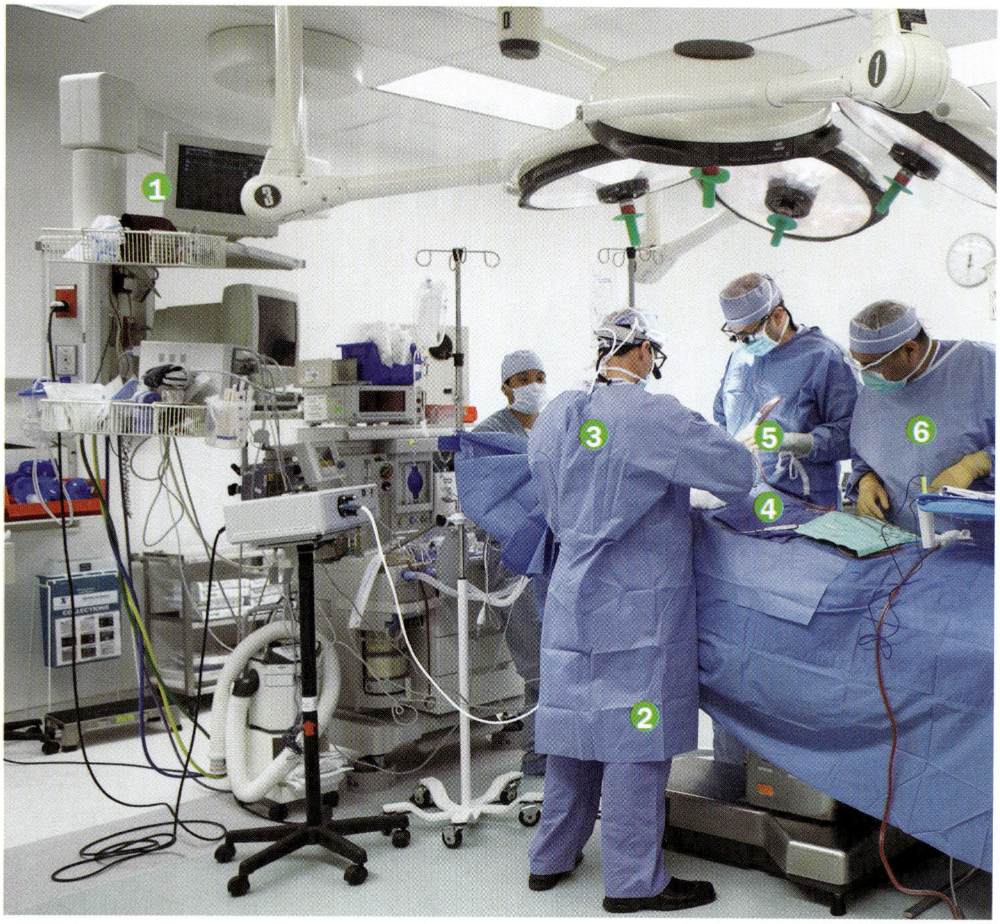

1. ..........
2. ..........
3. ..........
4. ..........
5. ..........
6. ..........

## Grammar

### Formuler une hypothèse

Pour exprimer un *degré de certitude*, on utilise des auxiliaires de modalité :
- ***might*** : l'action est très peu probable ;
- ***may*** : le locuteur n'est vraiment pas sûr ;
- ***can*** : il est moyennement sûr ;
- ***should*** : l'événement est probable ;
- ***must*** : il est quasi certain.

La construction en anglais est simple :
**Sujet** + **Auxiliaire** + **Verbe.**
Ex. : *You* ***may have*** *time.* (= Il se peut que vous ayez le temps.)
*You* ***should have time.*** (= Vous devriez avoir le temps.)

**Écrivez en face de chaque hypothèse la situation qui lui correspond.**

**Hypothèse**
**1.** I don't know where he is. > ..........
**2.** He is never late. > ..........
**3.** He hasn't got an alibi. > ..........
**4.** He's got blood on his hands. > ..........

**Situations**
**a.** He may be the murderer.
**b.** He may arrive soon.
**c.** He must be the murderer.
**d.** He should arrive soon.

Task 1

# In focus

## Fake operations: how Actors play Doctors and Nurses

CD2 Piste 46

Today's TV doctors and nurses have to know lots of procedures and terminology – and make the fake[1] look real for the camera.

On the set[2], medical advisors are always present, and in some shows real nurses are extras.

Also, actors get initial training. For example, when Yvette Freeman was chosen as a nurse on *ER*[3], she followed a few nurses at a Los Angeles hospital. They taught her how to use the various machines and do basic things like wrap bandages, put on surgical gloves fast. "In real life, you may have time, but on TV you have to do it in seconds," says Freeman.

Yvette Freeman, Nurse in *ER*.

A few of the things TV docs may have to fake realistically, expertly, while cheating[4] for the camera: spinal[5] taps, palpation, echocardiograms, drawing blood, intubation, injections, scrutinizing ultrasound screens, hand sutures…

Of course, in surgery scenes, there are prostheses placed on top of the actual body part of the patient, and the blood's fake, but, for example, intestines might be actual pig's intestines.

Extract from redroom.com

1. fake = *faux* – 2. the set = *le plateau* – 3. *ER* = *Emergency Room* – 4. to cheat = *tricher* – 5. spinal tap = *ponction lombaire*

**1. Choisissez la réponse qui correspond au texte.**

**a.** The article is about: ❑ sick actors. ❑ real doctors. ❑ fake doctors. ❑ medical equipment.

**b.** *ER* is: ❑ the title of a TV series. ❑ the name of a hospital in Cardiff. ❑ a hero's name.

**c.** In a medical series it's important to have the right: ❑ gloves. ❑ screens. ❑ procedures and terminology.

**d.** Actors' training consists in: ❑ having an accident. ❑ watching medical staff. ❑ reading books.

**e.** They: ❑ really operate people. ❑ use real blood. ❑ use real pig's intestines.

**2. Formez le début de chaque question et trouvez la réponse dans l'article.**

**a.** (What / learn / actors) ........................ before playing their role?

........................

**b.** (Who / necessary) ........................ on the set to make the fake look real?

........................

**c.** (Why / real nurses / may / be) ........................ present on the set?

........................

**d.** (When /actors / may / find) ........................ pigs' intestines and why?

........................

**3. Trouvez dans l'article ce qui rend le travail des acteurs difficile.**

They have to ........................

They may have to ........................

# Action!!

CECRL : Savoir formuler des hypothèses

## Informer de dangers

**Pairwork.** **You are working as an assistant at the hospital in Cardiff.**
**A young trainee (your partner) is with you for the day.**
**Explain what may happen in these situations if doctors, nurses, assistants, patients or visitors don't follow hospital rules.**
**Change roles after three explanations.**
Ex.: If people don't cover their cough, other people may catch their germs.

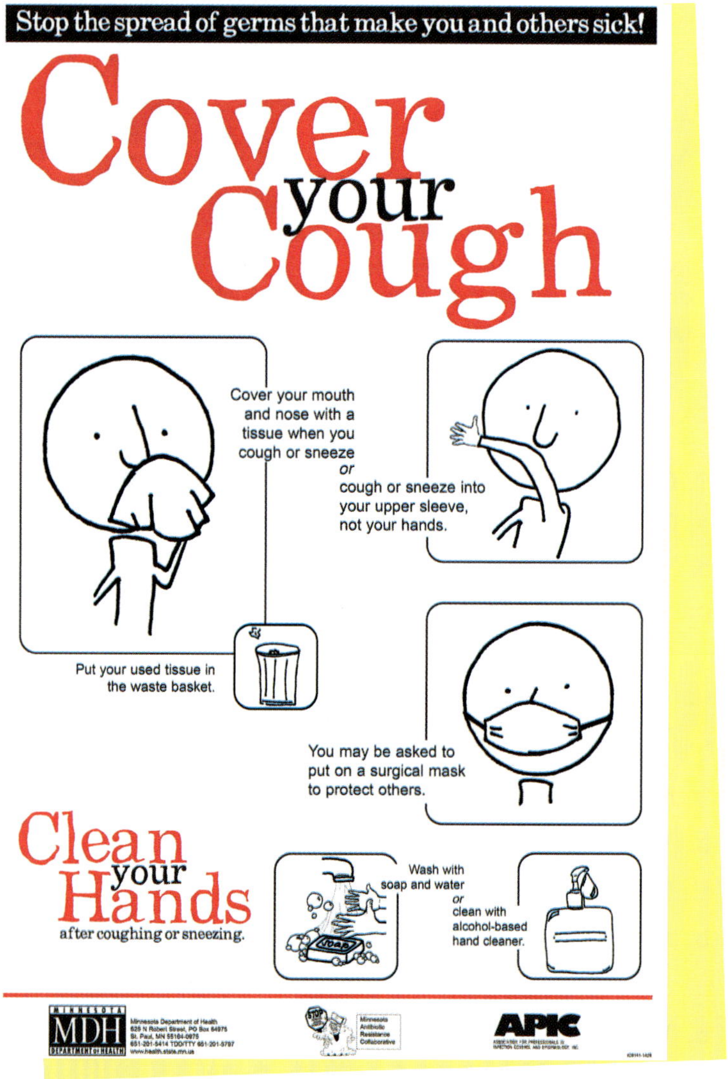


**TIPS**

- Wash hands
- Wear medical scrubs
- Wear gloves
- Come into the operation rooms
- Forget their masks
- Make noise
- Smoke inside the building
- Change bandages
- Clean instruments well
- Answer the patients' calls
- Remain calm
- Bring young children / babies

...

**7 words to know** CD2 Piste 47

hospital, nurse, fake, bandage, surgery, blood, injection

# Start the day First Aid

## EMERGENCY FIRST AID

### ABC's OF IMMEDIATE FIRST AID ACTION

**A** Open the Airway **B** Check for Breathing **C** Check for Circulation

**MOUTH TO MOUTH RESUSCITATION**

1

2
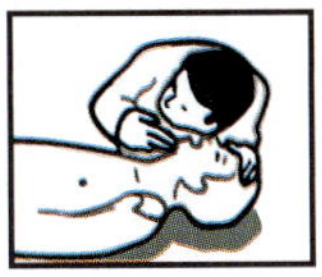

**SEVERE BLEEDING**

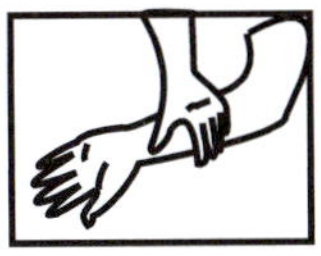

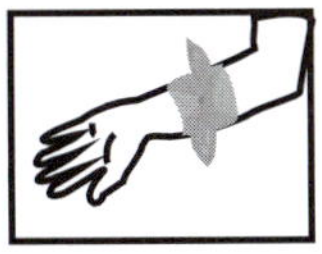

**EYE INJURY**

**1.** Chemical burns of the eye
**2.** Object in the eye (particle)

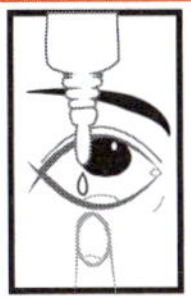
1

2

**CHOKING**

If choking victime can cough, speak or breath, do not interfere.
Call a paramedic.
IF VICTIM CANNOT BREATHE:

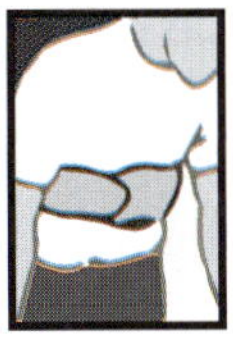

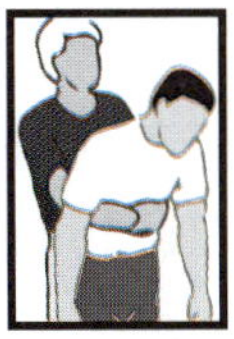

**Retrouvez dans l'affiche l'équivalent des mots suivants.**

**a.** vérifier : ..........

**b.** brûlure : ..........

**c.** saignement : ..........

**d.** bouche à bouche : ..........

**e.** blessure : ..........

**f.** étouffement : ..........

**g.** respirer : ..........

**h.** grave : ..........

**i.** les voies respiratoires : ..........

# Grammar

### *Should* et le conseil

Pour formuler un conseil, on emploie l'auxiliaire ***should*** (= devrais).
Comme tous les auxiliaires, ***should*** est suivi de la base verbale et prend la négation.
Ex. : *People **should not try** to move a victim, they **should check** for breathing.*
**Remarque** : pour faire une suggestion, on utilise également ***could*** (= pourrais).

■ **Quels conseils pourriez-vous donner dans ces situations ?**

**a.** Your friend has cut his arm.

..........

**b.** Your friend's baby has a fever.

..........

**c.** Your friend would like to help people.

..........

**d.** Your friend's preparing dinner using a very big knife.

..........

# In focus

## Working for the Red Cross

CD2 Piste 48

**Listen to radio reporter Mirna Barton, today in Cardiff. Mirna is with Dr Lewis, an emergency doctor.**

**1. Écoutez l'interview une première fois. Dans la liste qui suit, entourez les mots-clés de l'interview.**

rescue – bandage - accident – first aid – police – saving – victim – nurse – defibrillator

**2. Écoutez l'interview une seconde fois et retrouvez les deux questions de la journaliste.**

**a.** Can you ........................ advice to ........................ in case of ........................?

**b.** Can you ........................ us ........................ people should or ........................ do?

**3. Complétez.**

**a.** Today is the Red ........................ and Red ........................ day.

**b.** Dr Lewis thinks it's important to know ........................ ........................, the number is ........................ .

**c.** Dr Lewis thinks ........................ gestures are important too.

**d.** People should ........................ a victim, they ........................ check for breathing or for ........................ immediately. And of course they ........................ learn about ........................ .

Young volunteer at the British Red Cross instructing a boy in artificial respiration technique.

## Pronunciation

CD2 Piste 49

**Les lettres que l'on n'entend pas**

**Écoutez les mots suivants et entourez les lettres qui ne sont pas prononcées.**

should – would – could – immediately – crescent – secretary – caller – doctor – volunteer

## Speak up!

**You are going to receive a young couple with a baby and a dog. Give him advice about safety inside the different rooms in the house and in the garden.**

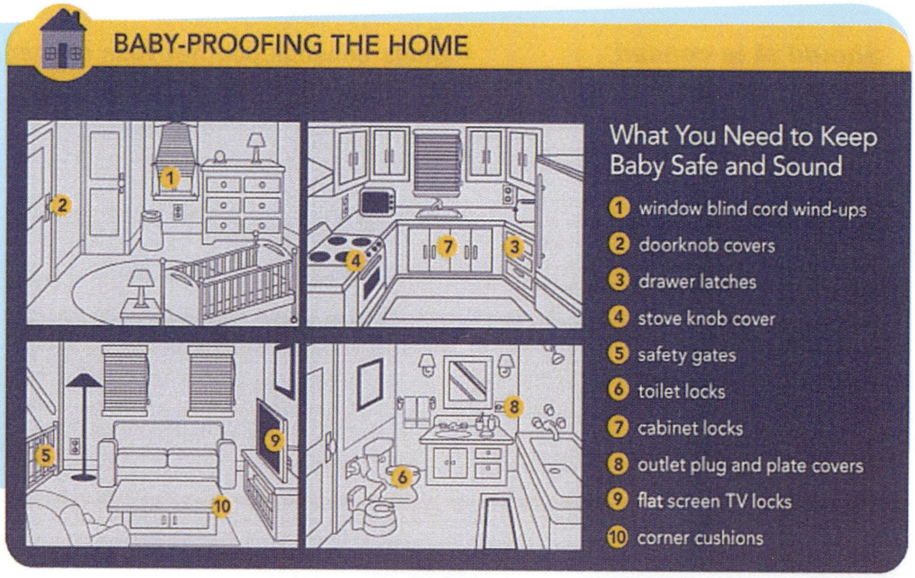

# Action!!

CECRL : Savoir donner des conseils

## Gérer des appels d'urgence

CD2 Piste 50

You work with Dr Lewis for the day.
He's answering the emergency calls.
Listen to the calls and take down notes.

| | Name of the caller | Where is the caller? | What is the problem? | What should (shouldn't) the people do? | Medical help? |
|---|---|---|---|---|---|
| Call N. 1 | ................ | ................ | ................ | ................ | ................ |
| Call N. 2 | ................ | ................ | ................ | ................ | ................ |
| Call N. 3 | ................ | ................ | ................ | ................ | ................ |

**7 words to know** CD2 Piste 51

injury, first aid, victim, bleeding, to breathe, gesture, cross

# Samy's word

**My training tour is nearly over: I'm in Wales now, trying to get a student job in Cardiff. They've got a very big University Hospital there and I'd like to know if I can get a job as a support worker. I've got to write an official letter. Here's the information I found.**

# Jobtrotter in... Cardiff

**Objectif** Savoir rédiger et présenter une lettre professionnelle

CD 2 Piste 52

Cardiff and Vale University Health Board
Caring for people, keeping people well

GIG CYMRU NHS WALES | Bwrdd Iechyd Prifysgol Caerdydd a'r Fro | Cardiff and Vale University Health Board

Contact Us | About Us | News | FOI | South Wales Programme | Patients, Carers & Visitors | Our Services | Promoting Health | Our Charity | Working For Us | Cymraeg

Search | Go

We provide day to day health services to people living in Cardiff who need emergency and scheduled hospital treatment and mental health care. Clinical support staff provide assistance to healthcare professionals in diagnosing, treating and caring for patients. In some cases, they are involved in looking after the general well-being and comfort of patients. These are all responsible and rewarding roles with a direct impact on patients' lives. These jobs also offer an ideal entry route to many NHS careers for people with commitment and enthusiasm rather than academic qualifications.

**Contact:** fiona.gerrard@wales.nhs.uk

Share:

## Aide lexicale

health = *la santé*
scheduled = *planifié*
to reward = *récompenser*
NHS = National Health Service
commitment = *implication*
rather than = *plutôt que*

# Grammar

## Le verbe après une préposition

- En général, après une préposition, on utilise le gérondif (V + *ing*).

Ex. : *They are involved **in looking** after the comfort of patients.*
***Before writing** your letter,*
*...**after signing** your letter,*
*...I'm good **at listening** to people...*

- Les verbes ***stop, start, go on*** sont également suivis du gérondif.

Ex. : *Stop crying!*

**Présentez-vous en utilisant les éléments donnés.**

**a.** interested in + work in a big hospital

..............................................................................

**b.** would like + start + work immediately

..............................................................................

**c.** want + stop + travel around the world

..............................................................................

**d.** believe in + help patients

..............................................................................

**1. Qui fait quoi ? En vous aidant de ce qui est dit dans le texte, associez les tâches et les qualités aux personnes de la première colonne.**

| | | |
|---|---|---|
| Healthcare professionals • | • looking after the general well-being and comfort of patients • | • enthusiasm |
| | • diagnosing • | • academic qualifications |
| | • providing assistance to doctors and nurses • | • sense of responsibility |
| Clinical Support workers • | • treating • | • commitment |
| | • having a direct impact on patients' lives • | |

**2. Choisissez la (les) réponse(s) donnée(s) dans le texte à propos de l'hôpital de Cardiff.**

**a.** Its name shows the hospital provides: ❑ only for treatments . ❑ for training and treatments. ❑ only for training.

**b.** The hospital staff treats: ❑ all patients in Wales. ❑ patients in the town of Cardiff. ❑ people in streets.

**c.** They treat patients: ❑ with physical illnesses. ❑ with mental illnesses. ❑ in emergency situations.

**d.** Clinical Support workers: ❑ can ❑ must ❑ can't make a career in hospitals.

**3. Retrouvez dans le texte l'équivalent anglais des mots suivants.**

**a.** dans certains cas : ........................................

**b.** le bien-être : ........................................

**c.** un point de départ : ........................................

## Action !! Be a support worker

**Write an application letter to Cardiff hospital.**
Use what you know about Cardiff hospital and the job of support worker to show you are interested in the job, to show that you should be the right person to hire, say what you've done before coming here, what you're good at...

Use the example given.

Return Address Line 1 (= your address)
Return Address Line 2

Date (Month Day, Year)

**Mr./Mrs./Ms./Dr. Full name of recipient**
**Title/Position of Recipient**
**Company Name**
**Inside Address**

**Salutation:** Dear Ms./Mrs./Mr. Last Name

**Body of the letter:**
**Paragraph 1:** start with the reason you are writing. Explain what prompted your inquiry (a classified ad, a media article or interview...)
**Paragraph2 (optional):** present your qualifications. Illustrate your skills and achievements.
**Paragraph 3:** thank the individual. Give information on how to answer / contact you.

**Closing** (Sincerely, Best regards,...)

**Signature** (signed in black or blue ink with a pen)

**Your Name** (printed)
**Your Title**

**Enclosed documents** (optional)

**7 words to know** CD 2 Piste 53

health, comfort, schedule, treatment, responsible for, inquiry, achievement

# Extra Training

## 1. Quelle hypothèse pourriez-vous formuler dans ces situations ? N'étant pas sûr(e), utilisez *may*.

**a.** Un touriste regarde sa carte.

He ..........................................................................

**b.** Un bébé pleure.

He ..........................................................................

**c.** Vous pensez trouver vos clés dans la cuisine.

I ..........................................................................

**d.** Il y a de la neige sur le réseau ferré.

The train ..........................................................................

**e.** Votre ami a téléphoné pendant votre absence.

He ..........................................................................

## 2. Entourez le sujet réel en français puis traduisez en anglais en commençant par ce sujet suivi de l'auxiliaire (plusieurs possibilités).

**a.** Il se peut que l'ambulance arrive dans 20 minutes.

..........................................................................

**b.** Il est possible que ta voiture soit morte.

..........................................................................

**c.** Il est très probable que mon frère sorte de l'hôpital lundi prochain.

..........................................................................

## 3. Entendez-vous un conseil ou une hypothèse ? Écrivez l'auxiliaire que vous entendez dans la bonne case.

CD 2 Piste 54

| | a | b | c | d | e | f |
|---|---|---|---|---|---|---|
| **Conseil** | | | | | | |
| **Hypothèse** | | | | | | |

## 4. Mots-croisés. Retrouvez les mots correspondant aux définitions.

**Across**
4. You'll put one on your finger if you cut it.
6. A building where doctors and nurses work.
7. A movement made with your hands.
8. The man who performs operations.

**Down**
1. It's red and flows from a wound.
2. A synonym for "well-being".
3. When you're not sick or ill, you're in good ...
4. Inhale and exhale.
5. Not real.

## 5. Vrai ou faux ? *Right or wrong?*

**a.** The scene takes place at the hospital.
❑ Right ❑ Wrong
**b.** In the room there are:
- machines ❑ Right ❑ Wrong
- bandages ❑ Right ❑ Wrong
- computers ❑ Right ❑ Wrong
- screens ❑ Right ❑ Wrong
- surgical instruments ❑ Right ❑ Wrong

**c.** The nurse is wearing medical scrubs. ❑ Right ❑ Wrong
**d.** The nurse looks as relaxed as the patient. ❑ Right ❑ Wrong
**e.** The patient is anxious because of his doctor's advice. ❑ Right ❑ Wrong
**f.** The patient is speaking calmly. ❑ Right ❑ Wrong
**g.** The general atmosphere of the cartoon is peaceful. ❑ Right ❑ Wrong
**h.** The cartoonist thinks nurses should spend more time with machines than with their patients. ❑ Right ❑ Wrong

# Evaluation

## COMPRÉHENSION ÉCRITE

**1. Retrouvez les mots qui manquent.**

**a.** You must take this medicine everyday at twelve o'clock: the ............ is important.

**b.** During an operation ............ give the instruments to the surgeon.

**c.** If there's an accident don't move the ............ .

**d.** If a viper bites you try to make an anti-venom ............ immediately.

**e.** The Red ............ is a humanitarian movement founded to protect human life and health.

**2. Remettez ces phrases dans l'ordre.**

**a.** ? / an / I / have / why / injection / should

............

**b.** . / complicated / doctors / patients / words / never / with / use / their / should

............

**c.** . / could / I / old / your / you / help / think / grandmother

............

**d.** . / should / first / learn / aid / we / gestures

............

**e.** ! / cut / you / your / on / a / should / bandage / put / .

............

**3. Complétez ces phrases par un mot de la liste : *train – training – in – for – watch – watching – at***

**a.** He thinks he feels responsible ............ the accident.

**b.** After ............ for two years he became a nursing assistant.

**c.** Clinical support workers are often good ............ looking after elderly people.

**d.** Actors' training consists in ............ nurses and doctors work.

**e.** You should ............ an episode of *ER*. It's interesting!

## EXPRESSION ÉCRITE

**4. Entourez la bonne réponse**

**a.** Vous voulez savoir où sont les urgences. Vous demandez :
1. Where is the emergency room?
2. Where is the operating room?

**b.** Vous voulez dire que vous n'êtes vraiment pas sûr que le médecin soit là. Vous dites :
1. The doctor may be here.
2. The doctor must be here.

**c.** Vous voulez dire à quelqu'un de respirer lentement. Vous demandez :
1. Breathe slowly. 2. Bleed slowly.

**d.** Vous connaitre les bons gestes. Vous demandez :
1. What are the right gestures?
2. What are the right jests?

**e.** Vous conseillez à quelqu'un de voir un docteur. Vous dites :
1. You must see a doctor. 2. You could see a doctor.

## COMPRÉHENSION ORALE

CD2 Piste 55

**5. Écoutez les phrases suivantes et complétez-les.**

**a.** A teacher ............ you how to put on surgical ............

**b.** A nurse ............ a mistake, of course.

**c.** Why don't they use ............ instruments in the *ER* series?

**d.** Can you give us examples of things people ............ or ............ do?

**e.** Everybody ............ learn ............ gestures at school.

## Five nurses' experiences

CD2 Piste 56

1. **"I once had a patient who had been in intensive care[1] for six months.** He was totally withdrawn – didn't look at us, talk to us, or even open his eyes. One day, the doctor said, 'Why don't you take him outside?' So we rolled his bed out the door, thinking what a waste of time[2] it was. Well, the wind was on his face, he could hear the birds, and suddenly he opened his eyes and talked to his wife for the first time in months. That was an incredible day."

2. **"My biggest piece of advice: Bother the nurse.** When I ask patients who are in a lot of pain[3], 'Why didn't you ask the nurse for your pain medication?' they say, 'She looked so busy. I didn't want to bother[4] her.' Please, 'bother' your nurse. She can't help you if she doesn't know what you need."

3. **"If your doctor uses a lot of medical jargon and you don't understand what it means,** ask me to help translate – that's part of our job."

4. **"When it comes to very elderly[5] patients,** sometimes family members will want us to run a lot of tests or do a major surgery – when, really, the elderly patient just wants to be comfortable.

5. **"Expect[6] to get pain medication about 10 minutes after your request.** If I am not there, simply call back."

Extract from *The Reader's Digest*, "Secrets Your Nurse Won't Tell You".

1. care = *soins* – 2. a waste of time = *une perte de temps* – 3. pain = *la douleur* – 4. to bother = *importuner, ennuyer*– 5. elderly = *âgé* – 6. to expect = *s'attendre à*

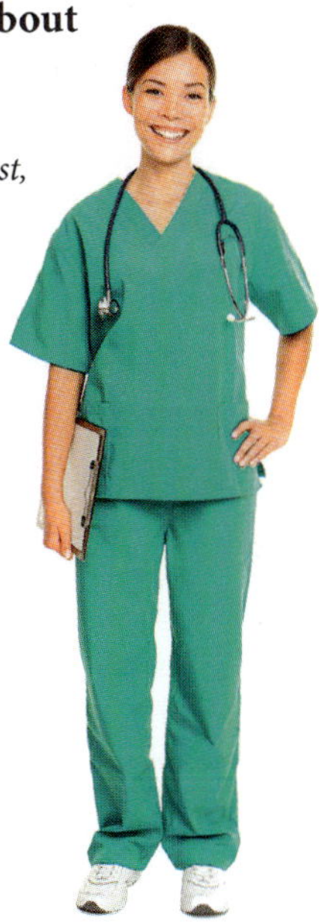

### 1. Associez chacun de ces titres à une expérience.

**a.** Don't be afraid to ask. Nurse N. ..................

**b.** Medical terminology mustn't be a problem. Nurse N. ..................

**c.** Nurses can really improve the well-being of their patients. Nurse N. ..................

**d.** Don't be afraid to ask many times. Nurse N. ..................

**e.** Heavy treatments are not always the best thing for old people. Nurse N. ..................

### 2. En vous aidant du contexte, trouvez ce que veulent dire les mots suivants.

withdrawn : .................................................. pain medication: ..................................................

major: .................................................. request : ..................................................

### 3. Vrai ou faux ?

**a.** Nurse N.1 says taking the patient out was a nurse's idea. ❑ Right ❑ Wrong

**b.** Nurse N.1 says the patient opened his eyes on hearing his wife's voice. ❑ Right ❑ Wrong

**c.** Nurse N.2 says patients shouldn't think she's too busy to help them. ❑ Right ❑ Wrong

**d.** Nurse N.3 thinks it's normal if patients can't understand doctors. ❑ Right ❑ Wrong

**e.** Nurse N.3 explains most elderly patients' real needs. ❑ Right ❑ Wrong

**f.** Nurse N.4 usually takes more than 10 minutes to bring patients their medication. ❑ Right ❑ Wrong

## React !!

**About the text.**

1. What are the qualities of these five nurses?
2. Why can't nurses always act like them? What problems are there in hospitals?

**Go further.**

3. How should doctors and nurses act with patients?
4. In your opinion, what should be done to improve hospitals?

### 7 words to know

CD2 Piste 57

care
incredible
pain
elderly
to bother
to expect
a request

ENGLISH Attack!
www.english-attack.com

# Web Activity

**Now revise words related to hospitals and doctors: do the activities in the Photo Vocab about Medical care.**

**Before going to the website**

**Here is a list of words. Which ones will you probably find in the Photo Vocab? Circle them.**

1. barometer / thermometer
2. pill / will
3. patient / impatient
4. subscription / prescription
5. purse / nurse
6. bandage / brand

## PORTFOLIO

| **Lire** | ☺ | 😐 | ☹ |
|---|---|---|---|
| Je peux comprendre un article parlant du milieu hospitalier. | | | |
| Je peux comprendre une offre d'emploi à l'hôpital. | | | |
| **Écouter** | ☺ | 😐 | ☹ |
| Je peux comprendre une personne qui présente des actes médicaux d'urgence. | | | |
| Je peux comprendre une personne qui a un problème médical. | | | |
| **Écrire** | ☺ | 😐 | ☹ |
| Je peux décrire les personnes et les lieux dans un hôpital. | | | |
| Je peux écrire une lettre officielle. | | | |
| **Parler** | ☺ | 😐 | ☹ |
| Je peux faire une hypothèse. | | | |
| Je peux décrire ce que je pourrais faire. | | | |
| Je peux donner des conseils. | | | |

# Les verbes irréguliers

| base verbale | prétérit | participe passé | |
|---|---|---|---|
| **be** | was/were | been | être |
| **beat** | beat | beaten | battre |
| **become** | became | become | devenir |
| **begin** | began | begun | commencer |
| **bite** | bit | bitten | mordre |
| **blow** | blew | blown | souffler |
| **break** | broke | broken | casser |
| **bring** | brought | brought | apporter |
| **build** | built | built | construire |
| **burn** | burnt | burnt | brûler |
| **buy** | bought | bought | acheter |
| **catch** | caught | caught | attraper |
| **choose** | chose | chosen | choisir |
| **come** | came | come | venir |
| **cost** | cost | cost | coûter |
| **cut** | cut | cut | couper |
| **dig** | dug | dug | creuser |
| **do** | did | done | faire |
| **draw** | drew | drawn | tirer/dessiner |
| **dream** | dreamt | dreamt | rêver |
| **drink** | drank | drunk | boire |
| **drive** | drove | driven | conduire |
| **eat** | ate | eaten | manger |
| **fall** | fell | fallen | tomber |
| **feed** | fed | fed | nourrir |
| **feel** | felt | felt | (se) sentir |
| **fight** | fought | fought | combattre |
| **find** | found | found | trouver |
| **fly** | flew | flown | voler |
| **forbid** | forbade | forbidden | interdire |
| **forget** | forgot | forgotten | oublier |
| **forgive** | forgave | forgiven | pardonner |
| **get** | got | got/gotten (US) | obtenir |
| **give** | gave | given | donner |
| **go** | went | gone | aller |
| **grow** | grew | grown | pousser |
| **have** | had | had | avoir |
| **hear** | heard | heard | entendre |
| **hide** | hid | hidden | cacher |
| **hit** | hit | hit | frapper |

| base verbale | prétérit | participe passé | |
|---|---|---|---|
| **hold** | held | held | tenir |
| **keep** | kept | kept | garder |
| **know** | knew | known | savoir |
| **learn** | learnt | learnt | apprendre |
| **leave** | left | left | quitter |
| **lend** | lent | lent | prêter |
| **let** | let | let | laisser |
| **lose** | lost | lost | perdre |
| **make** | made | made | faire |
| **mean** | meant | meant | vouloir dire |
| **meet** | met | met | rencontrer |
| **pay** | paid | paid | payer |
| **put** | put | put | mettre |
| **read** | read | read | lire |
| **ring** | rang | rung | sonner |
| **run** | ran | run | courir |
| **say** | said | said | dire |
| **see** | saw | seen | voir |
| **sell** | sold | sold | vendre |
| **send** | sent | sent | envoyer |
| **show** | showed | shown | montrer |
| **shut** | shut | shut | fermer |
| **sing** | sang | sung | chanter |
| **sit** | sat | sat | être assis |
| **sleep** | slept | slept | dormir |
| **smell** | smelt | smelt | sentir |
| **speak** | spoke | spoken | parler |
| **spend** | spent | spent | dépenser |
| **stand** | stood | stood | être debout |
| **steal** | stole | stolen | dérober |
| **swim** | swam | swum | nager |
| **take** | took | taken | prendre |
| **tell** | told | told | dire |
| **think** | thought | thought | penser |
| **understand** | understood | understood | comprendre |
| **wear** | wore | worn | porter un vêtement |
| **win** | won | won | gagner |
| **write** | wrote | written | écrire |

## Crédits photographiques :

**P. 5** : Alexis Toureau/Gamma-Rapho ; **p. 6 (1,2), 26, 73 (b)** : Marie-Line Périllat ; **p. 6 :** Ljupco Smokovski/Shutterstock ; **p. 7 (h)** : Boomer Jerritt/All Canada Photos/Getty Images France ; **p. 8 :** Cath Kidston ; **p. 9 (bd)** : VisitBritain/Daniel Bosworth/GETTY Images France ; **p. 9 (hd) :** Jake Curtis/GETTY Images France ; **p. 9 (hg)** : John Fedele/GETTY Images France ; **p. 9 (m)** : Lew Robertson/GETTY Images France ; **p. 10** : VisitBritain/Alan Chandler/GETTY Images France ; **p. 11** : Chris Mellor/Lonely Planet Images/GETTY Images France ; **p. 12 (b)** : British Retail Photography/Alamy ; **p. 12 (h), 24, 36, 48, 62, 74, 88, 100, 114, 126, 140 et 152 :** Ljupco Smokovski/Shutterstock ; **p. 16, 28, 40, 54, 66, 80, 92, 106, 118, 132, 144, 158 :** English Attack ; **p. 17, 22 (h), 27** : Jehan-Guillaume de Rorthais ; **p. 18** : Det-anan/Shutterstock ; **p. 19 :** André Schuster/Plainpicture ; **p. 22 (b)** : Dieter H/Shutterstock ; **p. 23** : Alexander Raths/Shutterstock ; **p. 24 (b)** : hammett79/Shutterstock ; **p. 25** : Monkey Business Images/Shutterstock ; **p. 29 :** Bill Bachman/Alamy ; **p. 30** : Andrew Watson/GETTY Images France ; **P. 31** : Kelly Day/AP/SIPA ; **p. 32** : RUE DES ARCHIVES/BCA ; **p. 33 (g)** : Matthew Chattle/Alamy ; **p. 33 (m)** : Warner Bros/The Kobal Collection ; **p. 33 (d)** : Nadine Aymard **; p. 34 (h)** Stephen Mcsweeny/Shutterstock **; p. 34 (m)** : REX/Newspix/REX/SIPA ; **p. 34 (b)** : Prod DB © Gracie Films/DR/TCD/ BOUTEILLER ; **p. 35 (h)** : Ljupco Smokovski/Shutterstock ; **p. 35 (b)** : Angela Waye/Shutterstock ; **p. 36 (hd) :** Wavebreakmedia/Shutterstock **; p. 38** : Callahan/Shutterstock ; **p. 41 :** Willie B. Thomas/GETTY Images France ; **p. 42 (d) :** Mamuka Gotsiridze/Shutterstock ; **p. 42 (m)** : kurhan/Shutterstock ; **p. 42 (mg)** : LUCARELLI TEMISTOCLE/Shutterstock ; **p. 43 :** Frédéric Maigrot/REA ; **p. 45** : ChameleonsEye/Shutterstock ; **p. 46 (bd)** : Konstantin Chagin/Shutterstock ; **p. 46 (bg)** : Jod Airman/Shutterstock ; **p. 46 (hd)** : Jack Sullivan/Alamy ; **p. 46 (hg)** : SP-Photo/Shutterstock ; **p. 47** : Monkey Business Images/Shutterstock ; **p. 55 :** Walt Disney pictures/The kobal Collection ; **p. 56 :** Prod DB © DreamWorks Animation/DR/TCD/ BOUTEILLER ; **p. 58 (hd)** : Pavel L Photo and Video/Shutterstock ; **p. 58 (bd)** : Luciano Leon/Alamy ; **p. 58 (bg)** : BIS/Ph. Sonneville © Archives Nathan ; **p. 58 (hg) :** Richard Levine/Alamy **; p. 58 (m)** : ZUMA Press, Inc./Alamy ; **p. 59 (g)** : Derek Henthorn/GETTY Images France ; **p. 59 (d)** : DR ; **p. 60** : Blend Images/John Lund/Marc Romanelli/GETTY Images France ; **p. 61 :** Ryan Conners/GETTY Images France ; **p. 63** : wassiliy-architect/Shutterstock ; **p. 65** : Rido/Fotolia ; **p. 67** : Thomas Peter Widmann/Look/Photononstop ; **p. 70 (bg) :** Edmund Sumner/View/Photononstop ; **p. 70 (d)** : Mrs_ya/Shutterstock ; **p. 70 (hg)** : Juan R. Velasco/Shutterstock ; **p. 71** : Auremar/Shutterstock ; **p. 74 (b)** : David Fowler/Shutterstock ; **p. 77** : Canadapanda/Shutterstock ; **p. 78 :** Phimchanok/Fotolia **; p. 79 (b)** : Andris Piebalgs/Fotolia ; **p. 81** : Louie Psihoyos/Corbis **; p. 82 :** Prod DB © 20th Century Fox/DR/TCD/BOUTEILLER ; **p. 84 :** Madame Tussauds ; **p. 89** : Dan Saelinger/Corbis ; **p. 90** : Colin D. Young/Shutterstock ; **p. 93** : Universal/The Kobal Collection ; **p. 95 :** Prod DB © Bona Fide /DR/TCD/ BOUTEILLER ; **p. 96 (bd)** : BGSmith/Shutterstock **; p. 96 (bg)** : Mariia Masich/Shutterstock ; **p. 96 (hd)** : Peter Kim/Shutterstock ; **p. 96 (hg)** : Monkey Business Images/Shutterstock ; **97 (h) :** Philip Lange/Shutterstock ; **p. 97 (m)** : ErickN/Shutterstock ; **p. 97 (b)** : facai/Shutterstock ; **p. 98 (h)** : Warren Goldswain/Shutterstock ; **p. 98 (b)** : Romain Osi/Picturetank ; **p. 100 (h)** : UPS ; **p. 100 (b)** : Jim West/Alamy ; **p. 107** : DR ; **p. 109** : Vuvu/Shutterstock ; **P. 110 (h)** : Prod DB © Company Pictures - Stormdog Films- E4/DR-TCD/ BOUTEILLER ; **p. 110 (b)** : Prod DB © AMC - Road rebel/DR/TCD/ BOUTEILLER ; **p. 111 (fond)** : warasit/Fotolia ; **p. 111 (bd)** : yellowj/Fotolia ; **p. 114 :** Jim Craigmyle/CORBIS ; **p. 115 (h1)** : wavebreakmedia/Shutterstock ; **p. 115 (h2)** : Sergejs Rahunoks/Fotolia ; **p. 115 (h3)** : contrastwerkstatt/Fotolia ; **p. 115 (h4)** : wavebreakmedia/Shutterstock ; **p. 115 (b1)** : Oksana2010/Shutterstock ; **p. 115 (b2)** : smuki/Fotolia ; **p. 115 (b3):** Karkas/Shutterstock ; **p. 115 (b4)** Alexandra Karamyshev/Fotolia ; **p. 115 (b5)** : Elnur/Fotolia ; **p. 115 (b6)** : Karkas/Shutterstock ; **p. 117** : Radius Images/Alamy ; **p. 119** : Kip Evans/Alamy ; **p. 121** : USApost ; **p.122 et 129** : savethefrogs.com ; **p. 123 (1)** : Mr. SUTTIPON YAKHAM/Shutterstock ; **p. 123 (2)** : Lee Yiu Tung/Shutterstock ; **p. 123 (3)** : Vetapi/Shutterstock ; **p. 123 (4)** : Madonmac/Shutterstock ; p. 123 (5) : Bernhard Richter/Shutterstock ; **p. 123 (6)** : Menno Schaefer/Shutterstock ; **p. 123 (7)** : Svetlana Foote/Shutterstock ; **p. 124 (h)** : Andrei Nekrassov/Shutterstock ; **p. 124 (b)** : Tourism Ireland ; **p. 126** : IMSS ; **p. 133 :** Jamie Oliver/Chris Terry ; **p. 135** : Jisun Yom/Namul ; **p. 137 (1)** : Deklofenak/Shutterstock ; **p. 137 (2)** : Kzenon/Shutterstock ; **p. 137 (3)** : Dmitry Kalinovsky/Shutterstock ; **p. 137 (5)** : Benicce/Shutterstock ; **p. 138 (h), 139 (h), 140, 141** : British Tourist Authority ; **p. 139 (b)** : Carolyn Clarke/Alamy ; **p. 142** : Zoo of Dublin ; **p. 146** : Erproduction Ltd/GETTY Images France ; **p. 147** : Prod DB © Warner TV/Amblin TV/DR/TCD/ BOUTEILLER ; **p. 150** : Elizabeth Leyden/Alamy ; **p. 151** : Keith Larby/Alamy ; **p. 152 (d)** : Robert Kneschke/Shutterstock et **p. 157** : Maridav/Shutterstock.

**Direction éditoriale :** Christine Asin
**Édition :** Emmanuelle Pellé
**Maquette intérieure :** David Bart
**Mise en page :** Nadine Aymard
**Infographies :** Pauline Clavel, Aude Macquet, Dany Mourain
**Iconographie :** Laetitia Jannin
**Fabrication :** Pascal Mégret
**Direction artistique :** Evelyn Audureau

IMPRIM'VERT

N° de projet : 10248531
Dépôt légal : Septembre 2018
Imprimé en Italie par Bona SpA